AUTOREN: KERSTIN UND FRANK RÖLLKE | FOTOS: GUIDO SACHSE

ORCHIDEEN

INHALT

4 ORCHIDEEN-PRAXIS

28 ORCHIDEEN-PORTRÄTS

EXTRAS

QUALITÄTS G|U GARANTIE

DIE GU-QUALITÄTS-GARANTIE

Wir möchten Ihnen mit den Informationen und Anregungen in diesem Buch das Leben erleichtern und Sie inspirieren, Neues auszuprobieren. Bei jedem unserer Produkte achten wir auf Aktualität und stellen höchste Ansprüche an Inhalt, Optik und Ausstattung. Alle Informationen werden von unseren Autoren und unserer Fachredaktion sorgfältig ausgewählt und mehrfach geprüft. Deshalb bieten wir Ihnen eine 100 %ige Qualitätsgarantie.

Darauf können Sie sich verlassen:
Wir legen Wert auf einen nachhaltigen Umgang mit der Natur im eigenen Garten. Wir garantieren, dass:

- alle Anleitungen und Tipps von Experten in der Praxis geprüft und
- durch klar verständliche Texte und Illustrationen einfach umsetzbar sind.

Wir möchten für Sie immer besser werden:
Sollten wir mit diesem Buch Ihre Erwartungen nicht erfüllen, lassen Sie es uns bitte wissen! Nehmen Sie einfach Kontakt zu unserem Leserservice auf. Sie erhalten von uns kostenlos einen Ratgeber zum gleichen oder ähnlichen Thema. Die Kontaktdaten unseres Leserservice finden Sie am Ende dieses Buches.

GRÄFE UND UNZER VERLAG
Der erste Ratgeberverlag – seit 1722.

ORCHIDEEN-PRAXIS

Kaum eine andere Pflanzenfamilie bietet eine so faszinierende Blütenvielfalt wie die Orchideen. Kein Wunder, dass die tropischen Schönheiten heute zu den beliebtesten Zimmerpflanzen zählen.

Stars auf der Fensterbank

Kapriziös und schwierig – das war einmal. Heute sind Orchideen unkomplizierte Mitbewohner, die in einem lichten Wohnzimmer ebenso gut gedeihen wie in einem hellen Flur. Mittlerweile sind sie die meistverkauften Zimmer-Blütenpflanzen und nicht nur im Fachhandel, sondern auch in Gartencentern erhältlich. Ihr Preis wird immer erschwinglicher und die Pflanzen werden zunehmend robuster.

Eine für alle: Phalaenopsis

Die Stars der Orchideen-Gala sind die *Phalaenopsis*. Die auch Falter- oder Schmetterlingsorchideen genannten Schönheiten recken den mit plakativen Blüten besetzten leicht gebogenen Stiel auf Schreibtischen ebenso graziös nach oben wie auf der Fensterbank zu Hause. Es gibt so viele Sorten in den verschiedensten Farben und Formen, dass man allein nur mit *Phalaenopsis*-Orchideen eine stattliche Sammlung aufbauen könnte. Der Grund für die Karriere: Sie sind perfekt an das Klima in unseren Wohnräumen angepasst und blühen mehrmals im Jahr. Doch die Konkurrenz lässt nicht auf sich warten: Auch *Paphiopedilum*-Orchideen mit schuhförmigen Blüten, *Miltonia* mit Stiefmütterchen-Blüten oder duftende *Cattleya* sind immer häufiger zu finden.

Erfolgs-Einmaleins

Dabei ist die Formel für eine erfolgreiche Orchideenpflege denkbar einfach: Viel Licht, keine direkte Sonne, einmal pro Woche gießen und nicht mit den »Füßen« im Wasser stehen lassen – diese Grundregeln bringen auf den Punkt, wie man Orchideen ohne Mühe kultivieren kann. Stehen die Pflanzen dann noch am richtigen Platz, werden sie Jahr um Jahr ihre exotischen Blüten entfalten. Der Grundstein für eine Orchideen-Leidenschaft ist gelegt.

Das zeichnet Orchideen aus

Wilde Orchideen gibt es auf der ganzen Welt, vom Äquator bis zu den Polarkreisen. Doch nur die tropischen Orchideen, deren Vielfalt am größten ist und die die spektakulärsten Blüten besitzen, sind die Vorfahren unserer Fensterbankorchideen. Die meisten dieser Orchideen wachsen im Urwald auf Bäumen und werden deshalb Aufsitzerpflanzen oder Epiphyten (→ Seite 58) genannt. Sie sind jedoch keine Schmarotzer, d. h. sie entziehen dem Baum keine Nährstoffe. Der Platz in den oberen Etagen der Urwaldriesen hat für sie jedoch den Vorteil, dass sie dort mehr Licht bekommen als im Schatten auf dem Boden. Heute gibt es insgesamt etwa 200 000 Orchideenkreuzungen, die von rund 25 000 natürlich vorkommenden Arten aus der Familie der Orchideen abstammen. Bei aller Vielfalt besitzen sie jedoch einige grundlegende gemeinsame Merkmale, die Orchideen unverkennbar machen.

Der Aufbau einer typischen Orchideenblüte: Sepalen (1), Petalen (2), Lippe (2a), Fahne (1a), Säule mit Pollenkappe (3).

Perfektes Design: Orchideenblüten

Orchideenblüten sind zweiseitig symmetrisch aufgebaut und bestehen immer aus sechs Blütenblättern. Diese sind in einem inneren und einem äußeren Blütenblattkreis angeordnet (→ Abb. links).

› Die Blütenblätter im äußeren Kreis nennt man Sepalen. Das nach oben zeigende Blütenblatt der Sepalen (dorsales Sepalum) ist bei vielen Orchideen zur sogenannten Fahne umgebildet.

› Die im inneren Kreis angeordneten Blütenblätter heißen Petalen. Das nach unten zeigende Petalum ist besonders auffällig zur Lippe umgeformt, bei den Frauenschuh-Orchideen bildet es den Schuh. In der Natur dient die Lippe als Landeplatz für die bestäubenden Insekten.

› Aus dem Zentrum der Blüte über der Lippe ragt die sogenannte Säule nach vorn. Auf ihr befinden sich die männlichen und weiblichen Fortpflanzungsorgane, die Narbe und die Pollinien. Letztere sind typisch für Orchideen, sie bestehen aus den zu zwei klebrigen Paketen zusammengewachsenen Pollen. Deshalb verstreuen Orchideen keinen Blütenstaub und lösen keinen Heuschnupfen aus.

› Hinter der Säule liegt der Fruchtknoten, der sich nach der Bestäubung zur Samenkapsel entwickelt. Sie benötigt sechs bis neun Monate, bis sie reif ist und enthält riesige Mengen winziger Samen. Orchideensamen besitzen kein eigenes Nährgewebe, weshalb sie in der Natur nur mit Hilfe eines speziellen Pilzes, der ihnen die notwendigen Nährstoffe liefert, keimen können.

Die Vielfalt der Orchideenblüten scheint grenzenlos: Sie brillieren in den verschiedensten Formen und Farben. Allen gemeinsam ist, dass der Pollen und die Narbe zur Säule zusammengewachsen sind. Von links nach rechts präsentieren sich *Phalaenopsis, Odontoglossum, Oncidium, Miltonia.*

Auf die Wuchsform kommt es an

Der Wuchs und die Blätter der Orchideen unterscheiden sich stark voneinander – je nachdem, aus welcher Region und Höhenlage die Pflanzen stammen und ob sie von der Küste oder aus Savannen kommen. Man unterscheidet zwei Wuchsformen:

› Einsprossige (monopodiale) Orchideen besitzen einen einzigen Trieb, der an der Spitze immer weiterwächst. Die Pflanzen werden mit der Zeit immer höher. Beispiele sind *Phalaenopsis* und *Vanda*.

› Mehrsprossige (sympodiale) Orchideen besitzen mehrere Triebe. Der neue Trieb wächst seitlich an der Basis der alten Triebe, die Pflanze wird breiter. Beispiele sind *Cymbidum* und *Miltonia*.

› Auch die Blätter zeigen die Bedürfnisse der Orchideen an: Pflanzen mit harten Blättern stammen von sonnigen, trockenen Standorten, solche mit weichem Laub von schattigen, feuchten Plätzen. Details zu den Wuchsformen und die daraus folgenden Pflegeansprüche finden Sie auf den Seiten 12–13.

Gut in Form von Anfang an

Eine gute Wahl beim Kauf ist der wichtigste erste Schritt zur erfolgreichen Pflege Ihrer Orchideen. Suchen Sie grundsätzlich nur gesunde und kräftige Pflanzen aus. Diese sehen nicht nur besser aus, sondern haben auch den großen Vorteil, dass sie erste leichte Unsicherheiten in der Pflege verzeihen und dennoch reichlich blühen.
Am besten kauft man Orchideen im Blumenfachgeschäft, noch besser direkt in der Orchideengärtnerei. Hier ist das Angebot vielfältig und Sie können sich fundiert beraten lassen. Spezialgärtnereien bieten ihr Sortiment häufig auch im Internet an.

Orchideengärtnereien bieten nicht nur eine große Auswahl, sondern auch fachgerechten Rat und viele Tipps.

Vielleicht können Sie aber auch im Supermarkt einer hübschen Orchidee nicht wiederstehen – vergessen Sie aber trotzdem nicht, vor dem Kauf die Qualität der Pflanze zu prüfen.
Mein Tipp Überlegen Sie sich vor dem Kauf genau, wo die Orchidee stehen soll und wie warm oder kühl es in diesem Raum ist. Da die verschiedenen Orchideen unterschiedliche Ansprüche an die Tages- und Nachttemperatur haben (→ Seite 10), können Sie dann passende Pflanzen auswählen. Im Zweifel ist für Anfänger eine *Phalaenopsis* immer eine sichere Wahl, da sie besonders gut an das Klima in unseren Wohnungen angepasst und obendrein sehr pflegeleicht ist.

Der Qualitäts-Check

Nehmen Sie sich Zeit für den Kauf und achten Sie dabei auf folgende Kriterien:

› Monopodiale Orchideen sollten mindestens drei große, feste Blätter haben, aus der Mitte sollte ein frisches Herzblatt austreiben. Das unterste Blatt darf ruhig gelb sein, es wird später abgeworfen. Dies ist bei einsprossigen Orchideen normal.

› Bei sympodialen Orchideen sollte der jüngste Trieb so groß sein wie der vorherige, damit die Pflanze viele Blüten treiben kann.

› Wählen Sie Pflanzen mit ungeöffneten Knospen, sie haben noch die volle Blütezeit vor sich.

› Größere Pflanzen mit vielen Blüten bzw. Knospen und mehreren oder verzweigten Rispen sind robu-

Gesund bis in die Spitzen: Knackige Wurzeln mit grünlich oder rötlich gefärbten Spitzen zeigen an, dass die Pflanze vital und kräftig ist.

Ein guter Kauf: Blühen Orchideen so üppig, wurden sie in der Gärtnerei erstklassig gepflegt – die beste Grundlage für eine erfolgreiche Kultur zuhause.

ster als kleine Pflanzen. Sie sind den etwas höheren Preis wert. Hat dagegen eine *Phalaenopsis* nur drei bis fünf Blüten, heißt das, dass sie zum ersten Mal blüht und noch recht klein und schwach ist.

› Die Pflanzen sollten gesunde, grüne Blätter haben und fest im Topf stehen. Nur dann besitzen sie viele Wurzeln und sind gut im Substrat verankert. Wackeln sie, haben sie nicht gut durchgewurzelt und können die Blätter nicht ausreichend mit Wasser und Nährstoffen versorgen.

› Achten Sie auf gesunde Wurzeln. Dies ist jedoch nur möglich, wenn die Orchideen – wie heute oft üblich – in durchsichtigen Plastiktöpfen angeboten werden. Gesunde Wurzeln sind fest und grünlich bis rötlich braun gefärbt.

› Orchideenwurzeln dürfen über den Topfrand ragen. Epiphytische Orchideen besitzen sogenannte Luftwurzeln, die in der Natur nicht im Substrat wurzeln. Sie lassen sich auch in Kultur nicht in den Topf »zwingen«. Achten Sie aber darauf, dass die Wurzeln nicht ausgetrocknet und hell sind.

› Das Substrat sollte leicht feucht und weder vollkommen durchgetrocknet noch richtig nass sein.

› Vorsicht ist geboten, wenn Orchideen in Plastik verpackt sind: Sie können den Zustand der Wurzeln und des Substrats nicht kontrollieren. Auch dürfen Orchideen nur vorübergehend so verpackt sein. Stehen sie längere Zeit in Folie, leiden sie an Luftmangel und faulen leicht.

Sicher **transportieren**

ORCHIDEEN vertragen keine starken Temperaturschwankungen. Lassen Sie sich die Pflanze deshalb, vor allem in der kalten Jahreszeit, gut einpacken. Auch die Blüten sollten vor Wind und Kälte, aber auch vor Hitze geschützt sein.

IM AUTO gehört die Pflanze nicht in den Koffer-, sondern in den Fahrgastraum. Sind Sie mit Fahrrad oder Bus unterwegs, lassen Sie die Orchidee zusätzlich in einige Lagen Zeitungspapier einpacken.

Der Platz in der Wohnung

Auch wenn ihre Vorfahren aus den Tropen kommen, brauchen Orchideen unterschiedliche Temperaturen.

Warm Wuchsen ihre Ahnen im tropischen Regenwald, wollen auch ihre Nachkommen das ganze Jahr über warm kultiviert werden. Sie benötigen tagsüber 20–25 °C und müssen nachts mindestens 4 °C kühler stehen, allerdings nie unter 16 °C.

Temperiert Orchideen, deren Vorfahren aus den Nebelwäldern und Hochlagen der Tropen stammen, werden temperiert-kühl oder temperiert-warm gepflegt. Die Tagestemperatur sollte bei 18–20 °C liegen, darf aber auch höher sein. Nachts muss es mindestens 6 °C kühler sein als am Tag, 12–16 °C sind optimal. Orchideen der temperiert-kühlen Gruppe brauchen eine leichte Ruhephase (› Seite 11).

Kühl Aus den Hochgebirgen der Tropen oder Steppen und Savannen stammen die Ahnen dieser Gruppe. Sie lieben Tagestemperaturen von 18–20 °C, nachts soll es mindestens 6° kühler sein, ideal sind 10–12 °C. Eine Ruhezeit ist für diese Gruppe ein Muss.

Wer so attraktiv blüht, darf auch mal im Zimmer stehen wie hier links im Foto *Phalaenopsis Sogo Yukidian*. Nach der Blüte braucht sie allerdings wieder einen hellen Fensterplatz.

Hell, aber nicht sonnig

Orchideen brauchen das ganze Jahr über viel Licht, vertragen aber keine direkte Sonne.

› Optimal sind Ost- oder Westfenster. Die Morgen- bzw. Abendsonne spendet Licht, ist aber nicht zu stark. Ist es im Sommer zu heiß, lassen Sie die Jalousien etwas herunter oder rücken die Pflanze vom Fenster weg oder in den Schatten anderer Pflanzen.

› Südfenster sind nur geeignet, wenn ein Baum, ein Gebäude oder eine Markise Schatten spenden. Ein Südfenster, durch das die sommerliche Mittagssonne ungehemmt scheint, ist der falsche Platz.

› Nordfenster sind meist zu dunkel, können aber im Sommer geeignet sein. Ist das Fenster sehr groß und hell, dürfen die Pflanzen dort länger stehen. Stellen Sie Orchideen direkt ans Fenster, schon 1 m vom Fenster entfernt erreicht die Pflanze nur noch die halbe Lichtmenge. Blühende Orchideen dürfen für einige Wochen an einen Platz im Zimmer, wo sie besonders gut zur Geltung kommen. Der kurzzeitige Lichtmangel schadet ihnen nicht.

Auch Orchideen machen Pause

Kühl und temperiert-kühl zu pflegende Orchideen benötigen nach der Blüte eine mindestens zweimonatige Ruhephase, um wieder zur Blüte zu kommen. In dieser Zeit hält man sie hell, aber kühler und trockener. Geeignet sind weniger beheizte Büros, Gästezimmer, Schlafzimmer, Flurfenster oder der Garten (→ Kasten). Temperiert-kühl zu pflegende Orchideen brauchen dabei am Tag und in der Nacht ca. 14–16 °C. Für kühl zu kultivierenden Orchideen reichen am Tag 12–16 °C, nachts darf die Temperatur bis auf 8–10 °C sinken.

Hängen Sie zur Kontrolle ein Minimum-Maximum-Thermometer zwischen Ihre Orchideen. Es zeigt die höchste Tages- und niedrigste Nachttemperatur an.

Erholungs-Kur im **Sommerquartier**

Orchideen, die nach der Blüte eine Ruhephase benötigen, können diese im Sommer auch im Garten verbringen. Das tut den Pflanzen besonders gut: Die viele frische Luft macht sie kräftig und widerstandsfähig. Nach der Sommerfrische kommen sie sicher wieder zur Blüte. Einzige Bedingung: Sie dürfen bei Kälte nicht nass werden.

KÜHL ZU PFLEGENDE Orchideen dürfen schon Anfang Mai nach draußen und dort bis Ende September bleiben. Nachttemperaturen von 5–8 °C sind für sie kein Problem.

TEMPERIERT-KÜHL zu pflegende Orchideen bleiben von Mitte Mai bis Mitte September im Sommerquartier – je nach den vorherrschenden Wetterverhältnissen kürzer oder auch länger.

SOMMERHAUS Haben Sie nur wenige Orchideen, hängen Sie diese in einen großen, Schatten spendenden Baum. Für mehrere Orchideen lohnt sich ein »Sommerhaus«: Errichten Sie an einem geschützten, schattigen Platz über Tischen oder Etageren ein Regendach aus Latten und Folie. Stellen Sie die Orchideen nie auf die Erde, dort sind sie Bodenkälte und Schnecken ausgesetzt.

Was die Wuchsform verrät

Neben der Einteilung in einsprossig und mehrsprossig (→ Seite 7) zeigen Orchideen noch weitere charakteristische Merkmale ihrer Wuchsformen:

› Einsprossige Orchideen bilden keine Seitentriebe und haben dicke, fleischige Blätter und Wurzeln.

› Mehrsprossige Orchideen haben länglichere, dünnere Blätter und entwickeln mindestens einen neuen Trieb pro Jahr. Hat er sich vollständig entwickelt, verdickt sich sein unterer Sprossabschnitt zur Bulbe (→ Glossar Seite 58). Bulben können kugelig, oval oder länglich sein. Sie dienen als Wasser- und Nährstoffspeicher. Ist eine Orchidee gut versorgt, sind ihre Bulben dick und prall. In Notzeiten liefern die Bulben Wasser und Nährstoffe, bis sie schließlich schrumpfen.

› Ist eine Pflanze sehr groß und kräftig, kann sie mehrere Neutriebe pro Jahr bilden, die mit der Zeit immer größer werden.

› Die Triebe mehrsprossiger Orchideen sitzen je nach Gattung entweder sehr eng beieinander oder in deutlichem Abstand. Die Verbindung zwischen diesen Trieben nennt man Rhizom.

Über die Wuchsform können Sie auch nicht blühende Orchideen relativ leicht identifizieren und dem entsprechenden Temperaturbereich zuordnen. Dies ist vor allem bei Orchideen-Gattungen wichtig, zu denen sowohl warm als auch temperiert oder kühl zu pflegende Arten und Sorten zählen.

1 Phalaenopsis

Die Blätter einsprossiger Orchideen wachsen mittig aus dem »Herz« der Pflanze und stehen einander gegenüber. Zu dieser Gruppe gehören *Phalaenopsis* und *Vanda*, die alle warm kultiviert werden.

2 Dendrobium

Dendrobium-Orchideen bilden keine ausgeprägten Bulben. Vielmehr ist der gesamte Spross lang und verdickt. Warm zu pflegende *Dendrobium*-Orchideen (rechts) tragen nur am Ende jedes Triebs Blätter. Die Sprosse der kühl zu pflegenden *Dendrobium* (links) sind von unten bis oben mit Blättern besetzt.

3 Cattleya

Kühl zu pflegende *Cattleya* (links) haben längliche Bulben und meist ein bis drei feste Blätter, die am Ende des Triebs stehen. Temperiert-warm zu pflegende *Cattleya* (rechts) haben kürzere Bulben, ihre Blätter sind weicher und stehen dichter zusammen.

4 Paphiopedilum

Paphiopedilum wurzeln in der Erde. Typisch sind deshalb ihre braunen, behaarten Wurzeln. Sie bilden keine Bulben. Die Blätter der kühl zu pflegenden sind sehr lang und dünn (rechts), die der warm zu pflegenden (links) kompakter, teils sind sie marmoriert.

5 Cambria, Oncidium und Zygopetalum

Diese Orchideen sind sich sehr ähnlich: die Neutriebe wachsen buschig nach allen Seiten. Orchideen der Cambria-Gruppe (temperiert-kühl) haben viele Blätter (links), *Oncidium* (kühl) haben zwei Blätter pro Bulbe (Mitte) und *Zygopetalum* (temperiert-warm) rund-ovale Bulben und dicke Wurzeln (rechts).

6 Cymbidium

Cymbidium-Orchideen sind relativ leicht an ihren sehr langen, festen dunkelgrünen Blättern zu erkennen. Ihre Bulben sind sehr hart.

1

2

4

3

5

6

Gießen und düngen

Die Luftwurzeln epiphytischer Orchideen besitzen eine Besonderheit: Sie sind von einer schwammigen Schicht, dem Velamen (→ Seite 59), umgeben. Es nimmt aus Regen und feuchter Luft Wasser sowie Nährstoffe auf und speichert sie. Solche Wurzeln sind nicht daran gewöhnt, in nassem Substrat zu stecken. Die Folge für die Orchideen-Pflege: Beim Gießen ist weniger mehr. Orchideen mögen eine hohe Luftfeuchte, dürfen aber nicht ständig nass stehen.

Wann gießen? Gießen Sie Ihre Orchideen erst, wenn das Substrat im Topf durchgetrocknet ist. Eine gewisse Restfeuchte darf aber noch erhalten sein. Prüfen Sie dies, indem Sie den Finger ins Substrat stecken. Stehen die Orchideen in einem durchsichtigen Plastiktopf, können Sie sehen, ob Sie gießen müssen: Sind Substrat und Wurzeln sehr hell und ist der Topf sehr leicht, braucht die Pflanze Wasser. Warten Sie nie, bis das Substrat staubtrocken ist, es kann dann kein Wasser mehr aufnehmen.

Womit gießen? Die sensiblen Orchideenwurzeln brauchen kalkarmes Wasser. Leitungswasser ist deshalb nur geeignet, wenn es einen Härtegrad zwischen 4 ° und 8 ° dH (deutscher Härte) hat, also kalkarm ist. Diesen Wert können Sie bei Ihren Wasserwerken erfragen. Zu hartes Leitungswasser können Sie mit einem handelsüblichen Wasserfilter (Aktivkohle) entkalken. Auch Abkochen reduziert den Kalkgehalt, wenn Sie einen Eisentopf oder Wasserkocher verwenden, dessen Heizstab direkt im Wasser liegt. Die letzte Möglichkeit: Mischen Sie zu hartes Wasser im Verhältnis 1 : 3 mit destilliertem Wasser. Vorsicht: Reines destilliertes Wasser ist tabu. Optimal ist es, wenn Sie zum Gießen für Ihre Orchideen Regenwasser sammeln können. Es ist salzarm, sehr weich und hat den richtigen Säuregehalt.

Wieviel gießen? Gießen Sie Orchideen etwa einmal pro Woche oder tauchen Sie sie 10 Minuten in einen Eimer Wasser. Je wärmer das Wetter ist, umso mehr Wasser vertragen sie, ist es kühl, gießen Sie weniger. Zur Erhöhung der Luftfeuche können Sie die Pflanzen auch besprühen (→ Seite 16).

Orchideenblätter und -wurzeln genießen das Sprühbad. Achten Sie jedoch darauf, dass die Blüten nicht nass werden.

Beim Tauchbad können sich die Wurzeln richtig vollsaugen. Wenn Sie mit den Händen das Substrat festhalten, schwimmt nichts weg.

Flüssigdünger müssen Sie nur abmessen und unter das Gießwasser mischen. Beachten Sie immer die Dosierungsanleitung – zu viel Dünger schadet Orchideen.

Perfekt gemischt: Orchideendünger

Orchideen kommen in der Natur mit sehr wenigen Nährstoffen aus. Weil normale Zimmerpflanzendünger zu hoch konzentriert sind, dürfen Sie für Ihre Pfleglinge nur Orchideendünger verwenden.

› Orchideendünger enthalten – wie alle Pflanzendünger – zunächst die Grundnährstoffe Stickstoff (N), Phosphor (P) und Kalium (K). Man nennt solche Dünger NPK- oder Volldünger. Auf der Packung ist angegeben, in welchem Mengenverhältnis diese Nährstoffe enthalten sind. Das Verhältnis N:P:K kann zum Beispiel 2:1:1 oder 8:6:6 betragen.

› Zusätzlich benötigen Orchideen spezielle Spurenelemente wie Eisen, Magnesium, Kupfer, Bor, Zink oder Molybdän, die schon in geringsten Dosierungen wirken. Damit sie von der Pflanze sicher aufgenommen werden können, sollten sie in Form spezieller chemischer Verbindungen, sogenannter Chelate, vorliegen. Diese Bezeichnung finden Sie auf allen guten Orchideendüngern.

› Kalk müssen Sie Ihren Orchideen gesondert zur Verfügung stellen. Aus dem Gießwasser können ihn die Pflanzen nicht aufnehmen, weil er durch den in Volldüngern enthaltenen Schwefel gebunden wird. Kalk verabreichen Sie Ihren Orchideen, indem Sie die Pflanzen alle zwei Jahre beim Umtopfen in ein mit kohlensaurem Kalk versetztes Substrat setzen. Zusätzlich kann man halbjährlich einen Teelöffel Kalk auf dem Substrat verteilen und anschließend kräftig mit Wasser durchspülen.

› Dosieren Sie den Dünger nach den Angaben auf der Packung. Am häufigsten wird Flüssigdünger angeboten, er wird einfach ins Gießwasser gegeben. Preiswerter ist Dünger in Pulverform, er muss aber extra abgewogen und aufgelöst werden. Bewährt haben sich bei Orchideen anorganische Dünger, da sie die Nährstoffe, anders als organische Dünger, gleichmäßig freisetzen. Einige Hersteller unterscheiden Blüh- und Wachstumsdünger, dies kann für Orchideen mit Ruhephase angebracht sein. Einheitliche Grunddünger machen vor allem für *Phalaenopsis* Sinn, die das ganze Jahr blühen und wachsen.

Ein bisschen Pflege muss sein

Kümmern Ihre Orchideen trotz guter Pflege? Meist helfen schon kleine Verbesserungen, um ihnen wieder zu neuer Schönheit zu verhelfen.

Den Standort verbessern

Luftfeuchtigkeit Im Topf versorgen sich Orchideen zwar in erster Linie über die im Substrat gespeicherte Feuchtigkeit mit Wasser. Liegt die Luftfeuchtigkeit in einem Raum jedoch unter 50–60 % – zum Beispiel an heißen Sommertagen oder im Winter bei trockener Heizungsluft –, sollten Sie die Luftfeuchte erhöhen. Benetzen Sie Blätter und Luftwurzeln mit einem Zerstäuber, aber nicht die Blüten. Sprühen Sie morgens und nicht in der Mittagshitze, sonst erleiden die Pflanzen einen Kälteschock. Auch am Abend sollten Sie das Sprühen vermeiden, damit über Nacht kein Wasser in den Blattachseln steht, die Pflanzen faulen sonst sehr leicht. Gut tut den Orchideen auch ein Zimmerspringbrunnen. So versorgt können Sie Ihre Pflanzen sogar bis zu zwei Wochen sich selbst überlassen.

1 Ein dünner Holzstab – Tonkinstab genannt – gibt Halt: So kann die zarte, lange Rispe durch das zunehmende Gewicht der Blüten nicht abbrechen.

2 Verwelkte Rispen bei Phalaenopsis schneidet man kurz über einem Auge in mittlerer Höhe ab. Sie treiben nach wenigen Wochen wieder aus.

Mein Tipp Stellen Sie zwischen die Orchideen andere Zimmerpflanzen mit großen Blättern. Diese verdunsten über ihr Laub reichlich Wasser und verbessern so das Raumklima.

Licht Orchideen mögen zwar keine pralle Sonne, brauchen aber rund ums Jahr etwa zwölf Stunden Licht pro Tag. Bekommen Sie zu wenig, richten sie die Blätter nach dem Licht aus. Die Abstände zwischen den Blättern werden immer größer und die Pflanzen bilden keine Blüten mehr. Spendieren Sie Ihren Orchideen in der dunklen Jahreszeit oder an einem zu dunklen Platz ein Zusatzlicht: LED-Lampen mit 5 000 Kelvin bieten den Pflanzen das natürliche Lichtspektrum und sind sehr sparsam.

Schönheitspflege

Blütenrispen anbinden *Phalaenopsis* und andere Orchideen treiben lange Rispen mit vielen Blüten, die überhängen und brechen können. Befestigen Sie die Rispen – spätestens, wenn sich die Knospen entwickeln – im unteren und oberen Drittel mit zwei Clips an einem Holz- oder Bambusstab.

Welke Blütenrispen entfernen Sind alle Blüten an einer Rispe verblüht, sollten Sie sie abschneiden.

Bei monopodialen Orchideen wie *Phalaenopsis* schneiden Sie den Stiel kurz über einem Auge (→ Seite 58) ab. Diese Orchideen können nach dem Verblühen erneut austreiben und Blüten bilden. Dafür sollten Sie die Rispe in mittlerer Höhe abschneiden, so dass genug Augen stehen bleiben. Färbt sich der Stiel nach der Blüte braun, schneiden Sie ihn unten ab. Treibt an dieser Stelle ein zweiter Stiel aus der Rispe, entfernen Sie ihn. Er wird nie kräftig genug, um Blüten zu treiben. Bei sympodialen Orchideen schneiden Sie verblühte Rispen unten zwischen den Blättern oder direkt an der Bulbe ab.

Blattpflege Stark verstaubte Blätter wischen Sie am besten mit einem weichen Tuch ab, auf das Sie etwas Blattglanzspray geben. Sprühen Sie das Spray nie direkt auf die Blätter, es führt zu Kälteschäden. Leitungswasser eignet sich nicht zum Säubern, es verursacht Kalkflecken. Welke, abgestorbene oder beschädigte Blätter entfernen Sie mit der Schere oder reißen Sie mit einem sanften Ruck ab.

Pflegefehler vermeiden

Die richtige Menge Wasser Halten Sie Ihre Orchideen dauerhaft zu trocken, bekommen sie ledrige, schrumpelige Blätter. Dasselbe passiert, wenn Sie die Pflanzen übergießen: Die Wurzeln faulen und sterben ab. Die Orchidee kann sich nicht mehr mit Wasser versorgen, also werden die Blätter schlaff. Bei Orchideen mit Bulben schrumpfen bei Wassermangel zuerst die Bulben, dann werden die Blätter hellgrün und fallen ab. Gießt man unregelmäßig oder zuviel und stehen die Orchideen zu warm, falten sich die Blätter zu »Ziehharmonikablättern« auf. Sorgen Sie in diesem Fall für eine höhere Luftfeuchte und die richtige Temperatur und gießen Sie regelmäßig.

Ruhephase vergessen Blüht eine Orchidee trotz guter Pflege nicht, braucht sie sicherlich eine Ruhephase. Stellen Sie sie an einen kühleren, helleren Platz, bis sie wieder Blüten bildet (→ Seite 11).

3 Bei den meisten übrigen Orchideen schneidet man die verwelkte Blüte zwischen den Blättern so weit unten wie möglich ab.

4 Es ist normal, dass die unteren Blätter monopodialer Orchideen alt werden und sich verfärben. Entfernen Sie sie einfach mit einer scharfen Schere.

5 Standen Orchideen längere Zeit zu warm, zu trocken oder bei zu niedriger Luftfeuchte, entstehen die typisch gefalteten Ziehharmonikablätter.

Knospen fallen ab Steht eine Orchidee zu dunkel und trocken oder war sie Zugluft ausgesetzt, kann es passieren, dass sie ihre Knospen nicht öffnet oder sogar abwirft. Auch in der Nähe reifende Äpfel können diesen Effekt auslösen, weil sie ein spezielles Pflanzenhormon ausströmen. Ist die Pflanze selbst gesund, warten Sie ab – sie wird in angemessener Zeit neue Blüten austreiben.

Substrat- und Gefäßauswahl

Orchideen werden nicht in Blumenerde, sondern in einen speziellen Pflanzstoff (Substrat) getopft, der den besonderen Ansprüchen der Luftwurzeln gerecht wird: Er lässt keine Staunässe entstehen, sodass an die Wurzeln genug Luft gelangt. Er ist im gut sortierten Fachhandel erhältlich.

Grundsubstrat Besonders bewährt hat sich Substrat aus mediterraner Pinienrinde. Einheimische Kiefern sind nicht geeignet, da sie zu viele Gerbstoffe enthalten. Pinienrinde verrottet sehr langsam, speichert wenig Wasser und lässt deshalb genug Luft an die Wurzeln. Es gibt sie in verschiedenen Körnungen, die mittlere Körnung 15–25 mm ist für normale Fensterbank-Orchideen am besten geeignet. Das Substrat darf jedoch nur zu maximal 80 % aus Kiefernrinde bestehen, da sie zu wenig Wasser speichert und den Stickstoff aus dem Dünger bindet. Qualitativ hochwertiges Substrat enthält deshalb neben Rinde auch Neuseelandmoos (Sphagnum). Dieses nimmt Wasser gut auf und gibt es auch leicht wieder an die Wurzeln ab. Obwohl es sehr fein aussieht, verdichtet es sich nicht und bleibt sehr lange formstabil. Der Anteil an Sphagnum in einem Substrat kann bis zu 20% betragen.

Zusatzstoffe Außer Rinde und Sphagnum können noch andere Komponenten wie Holzkohle, Perlite (Blähton) oder Seramis im Orchideensubstrat enthalten sein. Reines Rinden- und Sphagnumsubstrat reicht aber für die meisten Orchideen aus.

Das richtige Gefäß

Töpfe Orchideen werden heute fast nur noch in Plastiktöpfe gesetzt. Spezielle Orchideentöpfe haben viele Löcher im Boden und kleine Stelzfüßchen. So fließt das Gießwasser schnell ab, die Luft zirkuliert unter dem Topf und die Wurzeln können wieder abtrocknen. In durchsichtigen Plastiktöpfen können Sie den Zustand der Wurzeln gut beobachten.

Übertöpfe Übertöpfe sehen nicht nur schön aus. Füllt man eine Dränage aus Blähton oder Kieseln ein, fangen sie überschüssiges Gießwasser auf. Dieses kann so nach und nach verdunsten. Bei speziellen Orchideenübertöpfen braucht man keine Dränage. Sie besitzen im unteren Drittel eine Kante, auf der der Orchideentopf erhöht steht, das Wasser fließt in den Bereich darunter. Ähnlich funktionieren Fensterbankschalen für Orchideen: In die etwa fünf Zentimeter hohen, fensterbankbreiten Plastikschalen legt man einen etwa zwei Zentimeter hohen Git-

Töpfe und Übertöpfe für die Orchideenkultur sind speziell geformt und erleichtern deshalb die Pflege.

terrost, auf dem die Pflanzen stehen. Das in der Schale aufgefangene Gießwasser verdunstet und erzeugt ein gutes Mikroklima. Hier finden sogar größere Orchideensammlungen Platz.

Wie im Urwald: Korb- und Blockkultur

Epiphytische Orchideen kann man auch in Holzkörbchen einpflanzen oder auf Blöcken aus Holz, Kork oder Rebstöcken aufbinden. Beide Kulturformen – Korb- und Blockkultur – entsprechen der natürlichen Lebensweise dieser Orchideen am ehesten. Allerdings muss man für eine ständig hohe Luftfeuchtigkeit sorgen und die Pflanzen mindestens zweimal pro Woche im Tauchbad wässern, damit sich die Wurzeln mit Wasser vollsaugen können. Für Orchideen wie *Vanda* und einige *Ascocenda* sind dies sogar die einzig möglichen Kulturformen, sie gedeihen im Topf nicht.

DURCHBLICK Spezielle Orchideentöpfe sind für die Topfkultur am besten geeignet: Dank der Löcher im Boden und der Stelzfüßchen läuft das Wasser rasch ab und die Wurzeln faulen nicht. Klarsichttöpfe machen es möglich, dass Sie den Zustand der Wurzeln jederzeit mühelos prüfen können. Beides verringert die Gefahr, dass Sie die Orchideen aus Versehen übergießen.

NATURNAH Die Pflege von Orchideen im Körbchen entspricht der natürlichen Lebensweise dieser Epiphyten am meisten. Der Boden des Korbs kann gelocht oder offen sein. Allerdings muss man Orchideen im Korb eine höhere Luftfeuchte bieten als im Topf – die Pflege ist für Einsteiger deshalb nicht ganz einfach.

AUFGEBUNDEN Die Blockkultur ist die natürlichste Form der Orchideenpflege. Je nach Sorte legt man die Wurzeln beim Aufbinden unter oder zwischen Moos. An einem Standort mit sehr hoher Luftfeuchte ist es besser, die Wurzeln nicht abzudecken. Diese Methode empfiehlt sich ebenfalls eher für erfahrene Orchideenfreunde.

Richtig umtopfen

Damit die sensiblen Orchideenwurzeln gesund bleiben, sollten die Pflanzen alle zwei Jahre umgetopft werden. Denn auch das haltbarste Pflanzsubstrat zersetzt sich mit der Zeit und verdichtet sich. Dadurch kann das Gießwasser nicht mehr abfließen und die Wurzeln bekommen keine Luft mehr. Außerdem werden die Wurzeln überdüngt, weil aus dem zersetzten Pflanzstoff Salze freigesetzt werden. Da dieser Prozess sehr schleichend vonstatten geht, ist über viele Monate zunächst nichts zu erkennen. Doch schließlich faulen die Wurzeln und können die Pflanze nicht mehr versorgen. Solche Orchideen sind dann nur noch mit viel Mühe zu retten.

Lassen Sie es nicht so weit kommen und planen Sie für Ihre Orchideen alle zwei Jahre einen »Umzugstermin« ein. Bildet eine Orchidee schon vorher ungewöhnlich viele Luftwurzeln außerhalb des Substrats, sollten Sie früher umtopfen: Dies ist ein Signal, dass die Pflanze dringend frisches Substrat braucht.

Wenn Sie einige Grundregeln beachten, können Sie Ihre Orchideen problemlos selbst umtopfen. Fühlen Sie sich noch unsicher, lassen Sie sich vom Fachmann unterstützen: Viele Gärtnereien oder Pflanzencenter bieten Umtopfaktionen für Orchideen an. Hier können Sie zusehen, wie Ihre Pflanzen fachgerecht versorgt werden.

Der richtige Zeitpunkt

Orchideen sollten nicht während der Blüte umgetopft werden. Das neue Einwurzeln kostet die Pflanze viel Energie, die ihr während der Blüte nicht zur Verfügung steht, da die Pflanze alle Kraft in die Blütenbildung steckt. Topft man in dieser Zeit um, werfen Orchideen oft alle Blüten ab. Die Ausnahme: Manche *Phalaenopsis* treiben immer wieder aus den zurückgeschnittenen Rispen aus und blühen deshalb fast ununterbrochen. Wird es Zeit für den Substratwechsel, schneidet man die Blütenrispen vor dem Aufblühen ganz unten ab und topft die Pflanze dann um. Versäumt man dies, zehrt sich die Orchidee mit der Zeit völlig auf.

› Die beste Jahreszeit zum Umtopfen ist das Frühjahr zwischen März und Mai. Die Tage sind lang genug und die Orchideen bekommen so viel Licht, dass sie besonders kräftig wachsen.

› Weniger geeignet ist der Sommer: Es ist dann oft so heiß, dass die Orchideen unter Stress leiden. Werden sie dann noch umgetopft, haben sie nicht genug Kraft fürs Einwurzeln.

› Eine gute Zeit zum Umtopfen ist dann noch einmal der September: Jetzt ist es für die Pflanzen noch hell genug, um zu wachsen, aber nicht mehr zu heiß.

› Ab Oktober bis Februar topft man nicht mehr um: Die Tage sind zu kurz und die Lichtintensität ist so gering, dass die Orchideen kaum wachsen können.

Mittig oder an den **Rand?**

MONOPODIALE ORCHIDEEN wie *Phalaenopsis* werden beim Umtopfen genau in die Mitte des Topfes gesetzt. So stehen sie am stabilsten.

SYMPODIALE ORCHIDEEN setzt man so ein, dass der neueste Trieb möglichst in der Mitte des Topfes sitzt und die älteren Triebe bis an den Topfrand heran reichen. So bleibt noch viel Platz für die zu erwartenden weiteren seitlichen Neutriebe.

1 Damit die Wurzeln sich lösen, knetet und drückt man den Topf. Jetzt nur noch leicht ziehen – schon ist die Orchidee aus ihrem alten Topf befreit.

2 Schneiden Sie alte und abgestorbene Wurzeln ab. Durch diesen Wurzelrückschnitt passt die Pflanze auch wieder in einen relativ kleinen Topf.

3 Mit einer leichten Drehbewegung rutschen alle Wurzeln in den Topf. Füllen Sie nun das Substrat gleichmäßig von allen Seiten zwischen die Wurzeln.

4 Drücken Sie leicht auf das Substrat und stoßen Sie den Topf ein paar Mal auf. So rutscht das Substrat auch in die Lücken zwischen die Wurzeln.

Umpflanzen Schritt für Schritt

Bereiten Sie zum Umtopfen auf einem Tisch alles Nötige vor: Frisches Substrat, eine saubere, scharfe Gartenschere und neue Töpfe. Sie sollten einen maximal 2 cm größeren Durchmesser haben als die alten.

› Kneten und drücken Sie den Plastiktopf ringsherum so, dass sich der Ballen vom Topf löst. Halten Sie die Pflanze an den Blättern direkt über den Wurzeln und ziehen Sie sie schräg nach oben heraus.

› Schütteln Sie den alten Pflanzstoff aus dem Wurzelwerk heraus und entfernen Sie das restliche Substrat vollständig, aber vorsichtig mit den Fingern. War das alte Substrat sehr gut durchwurzelt, kann es nötig sein, den Ballen immer wieder zu kneten und zu schütteln, um das Substrat herauszulösen.

› Anschließend schneiden Sie trockene oder verfaulte Wurzeln ganz oben ab. Manchmal ist nur noch der sehr haltbare Wurzelfaden, das Innere der Luftwurzel, vorhanden. Auch er kann abgeschnitten werden. Ist die Wurzelmasse sehr groß, schneiden Sie bei monopodialen Orchideen überflüssige Wurzeln aus der Mitte des Wurzelballens aus. Bei sympodialen Orchideen entfernen Sie einige Wurzeln und Bulben, die am weitesten vom Neutrieb entfernt sind. Manchmal können Sie solche Teilstücke zur Vermehrung verwenden (→ Seite 22).

› Halten Sie die Orchidee in den neuen Topf, die Wurzeln sollten locker hineinpassen. Hatte Ihre Orchidee vorher über den Topf gewachsene Luftwurzeln, drücken Sie diese sanft nach unten und topfen sie mit ein. Oft muss der neue Topf nicht größer sein und der alte passt noch – vor allem, wenn viele abgestorbene Wurzeln entfernt wurden. Nach einem Wurzelschnitt kann sogar ein kleinerer Topf ausreichen.

› Nun füllen Sie von oben das Substrat bis zum Topfrand ein und stoßen Sie den Topf zwischendurch mehrmals sanft auf den Tisch auf, sodass das Substrat zwischen alle Wurzeln rutscht. Drücken Sie das Substrat zum Schluss leicht an. Nun müssen Sie die Orchidee nur noch angießen.

Orchideen selbst vermehren

Die generative Vermehrung (→ Seite 58) von Orchideen mit Samen ist eine Sache für Spezialisten. Dagegen gibt es einige Möglichkeiten der vegetativen Vermehrung, die relativ einfach funktionieren.

Orchideen-Babys: Kindel oder Keiki

Haben Sie eine *Phalaenopsis* nach der Blüte über einem Auge zurückgeschnitten (→ Seite 16), bildet sich manchmal nicht ein neuer Blütenstiel, sondern eine neue Pflanze. Zuerst entsteht ein Doppelblättchen, es wird größer und allmählich entwickeln sich auch Wurzeln. Ein solches Jungpflänzchen wird Kindel oder Keiki genannt. Es sollte an der Rispe bleiben, bis es mindestens zwei blattlange Wurzeln gebildet hat und die Blätter etwa 5 cm breit sind. Dann ist die Baby-Orchidee allein lebensfähig und kann vorsichtig abgetrennt und eingetopft werden. Um das Kindel nicht zu verletzen, bricht man es nicht ab, sondern schneidet die Rispe der Mutterpflanze etwas unterhalb des Kindels ab, sodass ein Rest des Stiels an der Jungpflanze zurück bleibt. Einige *Phalaenopsis*-Arten haben von Natur aus die Neigung, solche Kindel zu bilden, manche großen Mutterpflanzen sind sogar mit mehreren Kindeln überhäuft, die bereits blühen. Sind solche Arten in Ihren *Phalaenopsis*-Hybriden eingekreuzt, haben auch sie mehr oder weniger die Neigung, Kindel zu bilden. Hat eine *Phalaenopsis* ein Kindel, sollten Sie sie besonders gut mit Dünger, Wasser und Licht versorgen, da sie sehr viel Kraft für dessen Ernährung braucht.

Wie ein Ei dem anderen Kindel oder Keikis sind mit der Mutterpflanze identisch, weil bei der Vermehrung nicht das Erbgut zweier verschiedener Elternpflanzen kombiniert wird. Vielmehr ensteht die neue Pflanze nur aus der Mutterpflanze. Das nennt man vegetative oder ungeschlechtliche Vermehrung. In Orchideenlabors können Keikis von ausgesuchten Mutterpflanzen mit Hilfe der Gewebekultur erzeugt werden. Dabei werden Zellen der Mutterpflanze entnommen und unter sterilen Bedingungen zu identischen Nachkommen herangezogen.

Hier kommt der Nachwuchs ganz von selbst: Dieses Kindel ist schon sehr kräftig und wird bald an der Mutterpflanze blühen.

Diese Methode bezeichnet man auch als Klonen. Aus besonders guten Mutterpflanzen können so Tausende identischer Jungpflanzen entstehen.

Ganz einfach: Orchideen teilen

Eine besonders einfache Art der ungeschlechtlichen Vermehrung ist das Teilen. Wenn Sie eine sympodial wachsende Orchidee umtopfen, zerfällt diese oft schon von selbst in zwei Teile. Die alten Bulben, auch Rückbulben genannt, verbleiben meist möglichst lange an der Pflanze, um ihr Kraft zu geben. Füllt die Pflanze aber einen normalen 12-cm-Topf ganz aus, ist sie groß genug, um eine Teilung zu überstehen. Man trennt sie entweder durch Schütteln und sanftes Ziehen oder durch kräftigeres Ziehen bzw. Schneiden. Achten Sie aber darauf, dass jeweils mindestens drei Bulben zusammenbleiben. Entstehen Schnitt- oder Wundstellen, bestreuen Sie sie mit Aktivkohlepulver. Die Teilstücke können Sie nun getrennt eintopfen.

Stück für Stück: Stecklinge

Orchideen mit kletterndem Wuchs wie die Vanille bilden sogar noch weit oben am Stamm Luftwurzeln. Von solchen Trieben kann man Stecklinge schneiden. Man trennt sie unterhalb der Luftwurzeln mit einem sauberen Messer ab, bestreut die Schnittstelle mit Aktivkohlepulver und topft den Steckling ein.

Nur für Geduldige: Samenvermehrung

Es ist extrem kompliziert, Orchideen über Samen zu vermehren: Der Samen muss unter Laborbedingungen auf speziellen Nährböden keimen.

Mein Tipp Wenn Sie eine Nachzucht Ihrer Lieblingsorchidee wünschen, können Sie die Samenkapsel an ein Orchideenlabor (→ Seite 62) schicken. Sie erhalten dann nach etwa zweijähriger steriler Aufzucht Jungpflänzchen, die Sie in Orchideensubstrat auf der Fensterbank weiter pflegen können. Bis zur ersten Blüte müssen Sie allerdings noch weitere drei Jahre Geduld haben.

1 Schneiden Sie Kindel mit einem kurzen Stück des Blütenstiels ab. Nun nur noch samt Luftwurzeln in das Substrat eintopfen – und schon haben Sie eine neue Orchidee.

2 Von einigen Orchideen wie *Ludisia* kann man ganz einfach Kopfstecklinge schneiden: Hat man sie in feines Substrat getopft, muss man nur noch darauf achten, dass sie weder austrocknen noch zu nass stehen.

3 Viele mehrsprossige Orchideen lassen sich beim Umtopfen sehr leicht teilen. Brechen oder schneiden Sie das Rhizom so, dass mindestens drei Triebe beieinander bleiben.

Wenn Orchideen krank werden

Grundsätzlich sind Orchideen wenig anfällig für Krankheiten. Sind Sie gut versorgt und kräftig, können ihnen Krankheitserreger kaum schaden.

Vorsorge ist wichtig

Die richtige Auswahl beim Kauf und gute Pflege sind das A und O der Orchideengesundheit:

› Kaufen Sie nur gesunde Orchideen, deren Blätter grün und fest sind und deren Wurzeln graugrün schimmern (→ Seite 8/9).

› Wählen Sie nur Orchideen, denen Sie einen passenden Standort bieten können.

› Wenn es irgendwie möglich ist, sollten Sie Ihre Orchideen mit Regenwasser versorgen. Müssen Sie hartes Leitungswasser verwenden, entkalken Sie es (→ Seite 14). Gießen Sie etwa einmal pro Woche und verabreichen Sie gleichzeitig einen qualitativ hochwertigen Orchideendünger.

› Gehen Sie bei der Pflege auf die aktuellen Temperaturen ein: Ist es zu warm, besprühen Sie die Pflanzen zusätzlich mit einem Zerstäuber, um die Luftfeuchtigkeit zu erhöhen. Ist es eher zu kalt, gießen Sie weniger und schütten überschüssiges Wasser unbedingt ab, denn in feuchtem und kaltem Milieu beginnen die Wurzeln leicht zu faulen.

So muss es sein: Eine gesunde Orchidee hat glatte grüne Blätter, reichlich Blüten und frische Wurzeln.

Pilze, Bakterien und Viren

Pilzkrankheiten Pilze können sich eher ausbreiten, wenn die Orchideen längere Zeit zu kalt und zu nass standen. Die Pilze können dann über die geschädigten Wurzeln leicht in die Pflanze eindringen. Vermeiden Sie Pflegefehler und sprühen Sie Ihre Orchideen nicht zu spät am Tag ein. Sind die Blätter am Abend noch nicht abgetrocknet, kann leicht Blattfäule entstehen. Besonders *Phalaenopsis*-Orchideen sind gefährdet. Ist das Herzblatt am Abend noch feucht, tupfen Sie es mit einem Papiertuch trocken. So vermeiden Sie Herzfäule, eine Pilzkrankheit, bei der zunächst die inneren Blätter verkrüppelt wachsen. Letztlich bringt der Pilz die Pflanze vollständig zum Absterben. Werden die Blüten nass, befallen sie leicht Botrytis-Pilze. Ande-

Hier haben Bakterien ein Blatt befallen. Entfernen Sie es und reinigen Sie sich danach gründlich die Hände, um andere Pflanzen nicht anzustecken.

Wenn Blüten nass werden, wird besonders *Phalaenopsis* sehr schnell von Botrytis befallen. Symptome dieser Pilzkrankheit sind bräunliche bis schwarze Flecken.

re Orchideen sind etwas widerstandsfähiger, es können aber an einzelnen Blättern und Blüten Flecken entstehen. Entfernen Sie stark befallene Blätter rasch, damit sich die Krankheit nicht ausbreitet.

Bakterienkrankheiten Bakterien können durch das Gießwassser, Erde oder Arbeitsgeräte übertragen werden. Sie treten an Orchideen relativ selten auf und befallen meist nur Pflanzen, die durch Pflegefehler oder Schädlinge geschwächt sind. Auch über Wunden können sie in die Pflanze eindringen. Symptome sind helle, schwammige Flecken, später fault die Pflanze. Als Vorbeugung helfen gute Pflege, Hygiene und viel frische Luft. Da es keine Mittel gegen Bakterienkrankheiten gibt, muss man befallene Pflanzen wegwerfen.

Viruskrankheiten Infektionen durch Viren zeigen sich durch Flecken und Streifen auf Blättern oder durch missgebildete Blüten. Befallene Pflanzenteile schneidet man einfach ab. Achtung: Anschließend Schere oder Messer desinfizieren, damit die Viren nicht auf andere Pflanzen übertragen werden. Stark befallene Pflanzen vernichtet man besser. Da Viren oft durch Schädlinge (→ Seite 26/27) übertragen werden, sollten Sie Ihre Orchideen regelmäßig kontrollieren und eventuell auftretende Schädlinge, wie zum Beispiel Blattläuse, rechtzeitig bekämpfen.

Quarantäne und **Hygiene**

SOBALD Sie Krankheitsanzeichen bemerken, sollten Sie die Pflanze getrennt von den gesunden Orchideen halten, damit sie diese nicht ansteckt. Bei der Pflege kranker Orchideen ist Hygiene das oberste Gebot: Waschen Sie sich nach dem Umgang mit Ihrer kranken Orchidee gründlich die Hände – besonders wenn Sie Pflanzenteile entfernt haben.

REINIGEN Sie verwendete Werkzeuge mit Alkohol oder flammen Sie sie ab. Gebrauchte Töpfe, Stäbe und Drähte dürfen Sie auf keinen Fall wieder verwenden – sie übertragen Krankheitserreger.

Tierische Schädlinge

Orchideen werden nur von wenigen Schädlingen befallen. Ähnlich wie bei den Krankheiten trifft es vor allem Pflanzen, die geschwächt sind oder längere Zeit zu warm und zu trocken standen. Für die Behandlung ist eine korrekte Diagnose sehr wichtig.

Schildläuse Zunächst sind diese Schädlinge nur als stecknadelkopfgroße, helle winzige Höcker zu sehen. Meist erkennt man den Befall erst, wenn sie eine Größe von 2–3 mm im Durchmesser erreicht und ihren festen, braunen Schutzschild ausgebildet haben. Darunter ist bereits die nächste Generation in Form von Eiern und Jungtieren versteckt.

Dekorativer Schutz: Gelbtafeln sind für Schädlinge unwiderstehlich und halten sie so von Orchideen fern.

Wischen Sie die braunen Schilder auf keinen Fall einfach ab, dadurch werden die Nachkommen nur über das ganze Blatt verteilt. Besser ist es, wenn Sie mit einem Wattestäbchen je einen Tropfen Speiseöl auf jedes Schild tupfen. Dadurch verschließen sich die Atemöffnungen und die Schädlinge ersticken und trocknen ein. Bei stärkerem Befall waschen Sie die Blätter mit einer lauwarmen Seifenlösung (15–30 g Schmierseife auf 1 l Wasser) ab und entfernen Sie so die Läuse. Alle Plagegeister werden Sie so aber kaum entfernen können. Zeigen sich nach einigen Wochen erneut einzelne Schildläuse, können Sie diese wieder mit Öl behandeln. Bei sehr starkem Befall verstecken sich die Schildläuse gern in Blattachseln oder unter Hüllblättern; kontrollieren und behandeln Sie Ihre Pflanze besonders gründlich an diesen Stellen.

Woll- oder Schmierläuse Die Jungtiere sind nur als Pünktchen erkennbar, erwachsene Tiere messen bis zu 5 mm. Sie haben lange Fühler und sind von einer wachsartigen, weißen Schicht bedeckt. Ihr bevorzugter Platz sind die Herzblätter von *Phalaenopsis*, aber auch in Blattachseln, auf Blattunterseiten und am Stielansatz der Blüten sind sie zu finden. Da sie sehr beweglich sind, können sie leicht auf Nachbarpflanzen wandern oder beim Tauchbad mit dem Wasser verschleppt werden. Wenn Sie Wollläuse frühzeitig entdecken, können Sie sie durch Beträufeln mit Öl bekämpfen oder die Schädlinge abwaschen. Oft ist aber die Behandlung mit einem Pflanzenschutzmittel unerlässlich.

Blattläuse Blattläuse sind ebenfalls nur für einige wenige Orchideen eine Gefahr. Die kleinen grünen Insekten machen sich vor allem auf den roten Blüten von Cambria und auf anderen kühl zu pflegenden Orchideen breit. Ist der Befall gering, schaden sie den Orchideen kaum. Meist kann man sie dann durch Abwischen mit Seifenlösung in Schach halten.

Rote Spinnen Rote Spinnen sind winzige Spinnentiere und keine Insekten. Sie befallen nur hin und wieder einige wenige Orchideen, für *Phalaenopsis* stellen sie kein Problem dar. Nur bei einigen Orchideen mit besonders dünnen Blättern und schmalen Trieben wie *Dendrobium*, *Cambria* und *Oncidium* richten sie größeren Schaden an. Als erste Symptome erscheinen kleine, silbrig glänzende bis weiße Flecken auf den Blättern. Sie entstehen, weil die Rote Spinne die Blätter ansticht und an ihnen saugt. Und nur bei sehr genauem Hinsehen oder mit der Lupe entdeckt man die winzigen Tiere in Form rötlicher Pünktchen auf der Blattunterseite. Bei sehr starkem Befall sind auch silbrigweiße Gespinste zu sehen. Da die Rote Spinne sich nur bei trockener Luft stark vermehrt, ist regelmäßiges Sprühen der Blätter die beste Vorsorge.

Wenn der Befall zu stark ist

Haben sich die Schädlinge zu stark vermehrt oder treten die Plagegeister immer wieder auf, sollten Sie ein Pflanzenschutzmittel einsetzen. Prüfen Sie zunächst genau, um welche Schädlinge es sich handelt und lassen Sie sich dann im Fachgeschäft beraten. Behandeln Sie die Pflanzen nur im Freien und tragen Sie dabei Schutzhandschuhe. Nach zehn bis vierzehn Tagen muss die Behandlung wiederholt werden, damit die in der Zwischenzeit aus den Eiern geschlüpfte, neue Generation bekämpft wird.

1 Schildläuse verstecken sich gerne auf der Blattunterseite oder unter alten Hüllblättern. Je früher man sie entdeckt, umso leichter sind sie zu bekämpfen.

2 Blattläuse tauchen meist im Frühjahr und auf roten Blüten auf. Sie verbreiten Viren und Bakterien. Kontrollieren Sie auch andere Pflanzen auf Befall.

3 Wollläuse finden sich auf der Blattunterseite und hinter den Blüten. Weil sie sehr beweglich sind, breiten sie sich rasch aus. Hygiene ist die beste Vorbeugung.

4 Vor allem auf der Unterseite weißgelblich gesprenkelte Blätter deuten auf den Befall mit Roter Spinne hin. Beste Vorbeugung ist eine hohe Luftfeuchtigkeit.

ORCHIDEEN-PORTRÄTS

Leuchtende Sterne in Neonfarben, bizarre Gebilde mit spiralförmig gedrehten Blütenblättern oder klassische klare Blütenformen. Die Vielfalt der Orchideenblüten lässt keine Wünsche offen.

Welche Orchidee darf es sein?

Orchideen variieren in Bezug auf die Pflege am stärksten in ihren Temperaturansprüchen. Um rasch für verschiedene Standorte im Haus geeignete Orchideen zu finden, sind die Pflanzen in diesem Porträtteil deshalb nach den Temperaturbereichen Warm, Temperiert-warm, Temperiert-kühl und Kühl geordnet. Da es in manchen Orchideen-Gattungen Arten und Sorten mit verschiedenen Temperaturansprüchen gibt, können einige Gattungsnamen, wie etwa *Dendrobium*, doppelt vorkommen. Unter »Weitere Orchideen« finden Sie vier Arten, die zwar häufig im Handel angeboten werden, aber für den Einsteiger nicht unbedingt zu empfehlen sind.

Ganz ohne Namen geht es nicht

Wenn Sie die korrekten Namen Ihrer Orchideen kennen, haben Sie es bei der Pflege leichter: So können Sie rasch nachschlagen, welche Temperatur- und Pflegeansprüche eine Orchidee hat. Wer wichtige botanische Grundbegriffe kennt, findet sich mit etwas Übung auch im Namensdschungel zurecht.

› Der botanische Name der wild vorkommenden Orchideen-Arten besteht aus zwei Teilen: dem großgeschriebenen Gattungsnamen und dem kleingeschriebenen Artnamen. Beispiel: *Phalaenopsis amabilis*.

› Aus zwei Gattungen gekreuzte Orchideen nennt man Hybriden. Ihr Namen besteht aus dem der Eltern, wie etwa *Laeliocattleya* aus *Laelia* und *Cattleya*.

› Haben Orchideen-Hybriden mehr als zwei Eltern-Gattungen, gibt man ihnen einen Namen, der auf -ara endet. Ein Beispiel ist *Vuylstekeara*. Solche Orchideen tragen noch einen groß geschriebenen Kreuzungsnamen, wie etwa *Vuylstekeara* Cambria.

› Die meisten der heute im Handel erhältlichen Orchideen sind Hybriden – manche von ihnen stammen von bis zu neun verschiedenen Elterngattungen ab.

Phalaenopsis

WUCHSHÖHE 1–20 cm | **BREITE** 5–50 cm
BLÜTEZEIT ganzjährig

Noch vor 40 Jahren gehörten die Arten und Sorten der Gattung *Phalaenopsis* zu den exklusivsten Pflanzen überhaupt. Nur mit großem technischen und finanziellen Aufwand konnten Räume geschaffen werden, die für die Kultur der Wärme liebenden *Phalaenopsis*-Orchideen geeignet waren. Doch seit Doppelverglasung der Fenster und Zentralheizung fast die Regel sind, wurde so gut wie jedes Wohnzimmer zu einem potenziellen Refugium für *Phalaenopsis*-Orchideen. Damit begann der Siegeszug dieser Schönheiten aus Südostasien; sie wurden zum Inbegriff der Orchidee und weltweit zur Topfpflanze Nummer Eins. Aus nur rund 50–60 natürlichen Arten entstanden durch die intensive Arbeit der Züchter unzählige Varianten (→ Seite 32/33).

Blüte Die Blüten der heutigen Hybriden sind meist sehr groß und farbenfroh. Außer in Orange und Blau leuchten sie in fast allen Farben, von Rosa über Lila und Weiß bis Gelb, und nur selten sind sie vollkommen einfarbig. Sie sind gesprenkelt, gestreift oder getupft, bei einigen sticht die Lippe in einer anderen Farbe hervor. *Phalaenopsis* blühen mehrmals im Jahr, einzelne Pflanzen blühen sogar ein ganzes Jahr hindurch. Neue Sorten treiben oft aus jedem Auge ihres Blütenstiels Seitentriebe und tragen deshalb besonders viele, allerdings kleinere Blüten. Häufig blühen sie an der Rispenspitze weiter, wenn die alten Blüten bereits verwelkt sind.

Wuchs Durch die großen, eng ineinander sitzenden fleischigen Blätter sind *Phalaenopis* leicht von

hell | Halbschatten | Schatten | einsprossig | mehrsprossig

TREND Klein, aber ganz groß in Mode sind die zierlichen Mini-Phalaenopsis (links).

VERWANDT mit Phalaenopsis ist Doritis pulcherima var. alba (oben). Viele Knospen bezeugen Qualität.

anderen Orchideen zu unterscheiden. Die Größe der ausgewachsenen Pflanze variiert von gut 10 cm bis über 40 cm Blattspannweite. Die Grundform der Blätter ist immer gleich: Sie sind breit-länglich und relativ dick. Die grauen, fleischigen Wurzeln wachsen mit einer kräftigen, grünen Wurzelspitze seitlich aus dem Stamm. Topft man die Pflanze nach spätestens zwei Jahren nicht um, sprießen die neueren Wurzeln zwischen einem Blattpaar hervor und über den Topfrand. Da auch der Blütenstiel an dieser Stelle austreibt, ist er oft schwer von einer Wurzel zu unterscheiden. Doch er bleibt gänzlich grün und ist an der Spitze leicht eingekerbt. Meist wächst er in einem leichten Bogen und wird 30–40 cm lang.

Pflege Die Kultur ist denkbar einfach: Bei einer Zimmertemperatur von 20–26 °C am Tag und 16–20 °C in der Nacht gedeihen *Phalaenopsis* ohne Probleme. Die Nachtabsenkung von ungefähr 4 °C ist jedoch unbedingt notwendig, um die Blütenbildung anzuregen. *Phalaenopsis*-Orchideen brauchen keine Ruhephase, auch einen Aufenthalt im Sommer im Freien vertragen sie nicht. Sie benötigen einen Standort mit möglichst viel Licht, aber ohne direkte Sonne. Kultiviert werden sie meist in durchsichtigen Töpfen. Sie wachsen aber auch aufgebunden oder in Korbkultur sehr gut. Allerdings ist es bei diesen Kulturformen nicht ganz einfach, sie ausreichend mit Wasser zu versorgen. Für Pflanzen, die noch in einem Topf mit 12 cm Durchmesser stehen, reicht ein wöchentliches Tauchbad in kalkarmem, mit Dünger versetztem Wasser. Extrem große Pflanzen in einem kleinen Topf müssen häufiger gegossen werden. Prüfen Sie vor dem Gießen, ob das Substrat durchgetrocknet oder noch nass ist. Ist letzteres der Fall, warten Sie mit dem Gießen oder Tauchen ein paar Tage.

Damit sie nicht abbrechen, sollten Sie die Blütenstiele anbinden, sobald sich Knospen bilden. *Phalaenopsis* mit hängenden Blütenstielen müssen dagegen nicht angebunden werden. Direkt nach der Blüte schneidet man die Rispen knapp über einem Auge in mittlerer Höhe mit einer scharfen Schere ab. Der aufsteigende Pflanzensaft staut sich dann an dem Auge unter dem Schnitt und bringt dieses zum Quellen. Es bildet sich seitlich ein neuer Blütenstiel, und schon nach drei Monaten können neue Knospen entstehen. Sind auch die Blüten an diesem Stiel verwelkt, schneiden Sie ihn unten an der Pflanze ab, damit sie sich nicht verausgabt. Nun braucht die Orchidee eine Blühpause. Diese kann manchmal bis zu einem Jahr dauern, was bei einem Dauerblüher wie *Phalaenopsis* zwar nicht wünschenswert, aber zur Erholung für die Pflanze ab und zu notwendig ist. Kommt die Pflanze dann immer noch nicht wieder zum Blühen, stellt man sie für ein bis zwei Monate in einen kühleren Raum – dieser kleine Umzug wirkt Wunder. Sobald die neue Blütenrispe zu sehen ist, stellen Sie die Pflanze wieder wärmer.

Phalaenopsis sind etwas anfällig für Schild- und Wollläuse. Da diese sich vor allem am Rand der Blattunterseite oder an der Rispe aufhalten, sollten Sie diese Stellen regelmäßig kontrollieren, damit Sie die Schädlinge rechtzeitig bekämpfen können.

Bekannte Hybriden *Phalaenopsis* Lianher Happy Dancer (rosa/weiß, French-Typ), Yu-Pin Butterfly (dunkelrot/weiß, Harlekin-Typ), Sin Yaun Golden Beauty (gelb/rot, Gelber Typ).

Phalaenopsis-Orchideen im Porträt

Phalaenopsis-Orchideen sind wirklich mehr als einen Blick wert: Wer die Vielfalt der Königin unter den Orchideen einmal entdeckt hat, wird von diesen pflegeleichten Exoten so bald nicht wieder loskommen.

HINGUCKER Dieser farbenfrohe, blühwillige und vielrispige Primärtyp stammt von zwei verschiedenen Naturformen ab (*Phalaenopsis n. r. bastianii x cornu cervi*).

KLEIN UND FEIN Genauso zierlich und anmutig wie ihre Ahnen *Phalaenopsis parishii* und *P. lobbii* sind Kreuzungen wie dieser Parishii-Typ. Die Züchter überraschen ständig mit Neuheiten (*Phalaenopsis Mini Mark*).

KLASSISCH Der French-Typ gleicht stark dem Standard-Typ, trägt aber immer Muster – teils fein gepunktet, teils zum Rand hin schön verwaschen (*Phalaenopsis Leopard Prince*).

IN FRISCHEM GELB Orchideen der Gruppe Gelber Typ teilt man in zwei Gruppen ein: Es sind zum einen großblütige Phalaenopsis, zum anderen solche mit sternförmigen Blüten (*Phalaenopsis Gallant Star*).

AUFFÄLLIG Diese Zuchtrichtung – der Harlekin-Typ – bietet immer wieder neue Muster: Ob kleine Tupfen oder dicke Flecken – die großen Blüten in leuchtenden Farben sind nicht zu übersehen (*Phalaenopsis Sogo Mandolin*).

KUNTERBUNT Gelb-bunt oder rein rot, aber immer raffiniert gemustert, sind die wachsartigen Blüten der Orchideen vom Wachs-Typ (*Phalaenopsis Orchid World*).

TRAUM IN ROSA Viele kleine Blüten dieser Orchidee vom Equestris-Typ bilden eine wahre Blütenkaskade. Die Rispenspitze blüht immer weiter (*Phalaenopsis n. r. Zuma's Pixie x Venus*).

ORCHIDEEN-ZWERG Durch Selektion klein gezüchtet wurden die Vertreter des Mini-Typs (früher Office-Typ): perfekt auch für den kleinsten Schreibtisch (*Doritaenopsis Sogo Gotris*).

Dendrobium-Phalaenopsis-Gruppe

WUCHSHÖHE 30–60 cm | **BREITE** 18–25 cm
BLÜTEZEIT ganzjährig

Zur Gattung *Dendrobium* zählen ca. 1000 Arten, die sich über ein extrem weites Gebiet von Indien über Australien bis Ozeanien verteilen. Dort kommen sie in den unterschiedlichsten Höhenlagen vor. Die Blütenformen und Blütengrößen variieren stark. Ganz besonders unterschiedlich sind auch die Wuchsformen. So verwundert es nicht, dass Dendrobien sehr verschiedene Kulturansprüche haben. Zum Glück haben die Arten mit einer bestimmten Wuchsform auch die gleichen Bedürfnisse, sodass man aus dem Wuchs gut auf die nötige Pflege schließen kann. Die bekanntesten Vertreter dieser Gruppe sind die *Dendrobium-Phalaenopsis*-Hybriden. Sie sind nicht mit der Gattung *Phalaenopsis* verwandt, sondern heißen so, weil ihre Blüten – wie die der wildwachsenden Naturform *Dendrobium phalaenopsis* – denen der *Phalaenopsis*-Orchideen ähneln.

Blüte Diese *Dendrobium*-Orchideen tragen an einer schräg aufrecht wachsenden Rispe mehrere große, rundliche Blüten mit einem kurzen, spornähnlichen Fortsatz, der von der Lippe aus gesehen nach hinten wächst. Die Blüten sind weiß, rosa bis dunkelrot, kräftig blauviolett oder gelbgrün gefärbt. Einige Sorten sind mit Streifen gemustert oder gesplasht, d. h. ihre Farben verlaufen. Eine Untergruppe, die Antilopen-*Dendrobium* (*antennatum*-Hybriden) besitzen lang ausgezogene, nach oben stehende, verdrehte Blütenblätter, die stark an die Hörner von Antilopen erinnern.

hell | Halbschatten | Schatten | einsprossig | mehrsprossig

Dendrobium Emma Gold: Aus der grüngelben Blüte leuchtet die dunkelrote Lippe hervor. Die festen Blüten stehen an einer aufrechten Rispe.

Dendrobium Ekapol bezaubert mit vielen zarten Blüten in Rosarot und Weiß. Manche sind gesplasht, gestreift, oder besitzen eine dunkle Lippe.

Wuchs *Dendrobium-Phalaenopsis*-Orchideen besitzen eine runde Bulbe, die ab halber Höhe mit ungestielten, spitz zulaufenden Blättern besetzt ist. Diese sind nicht ganz so fleischig wie bei *Phalaenopsis* und stehen abwechselnd nach links und rechts. Vom Wuchscharakter her gleich, aber kompakter als die recht hohen *Dendrobium-Phalaenopsis*-Hybriden, bleiben die ähnlich zu kultivierenden *Dendrobium-biggibum*-Hybriden (→ Abb. Seite 34). Die *Dendrobium-antennatum*-Hybriden haben lang gestreckte Bulben, die ganz beblättert sind.

Pflege Diese *Dendrobium*-Hybriden werden fast so warm kultiviert wie Phalaenopsis. Auch das Sommerquartier bekommt ihnen nicht, außer in den wirklich warmen Monaten. Die Tagestemperaturen sollten bei 18–25 °C, die Nachttemperaturen bei 14–18 °C liegen. Sie vertragen sehr viel Licht, mögen aber trotzdem keine direkte Sonne. Ganz wichtig ist, dass sie viel Frischluft bekommen, die Luftfeuchte im Raum aber trotzdem hoch ist. Dies kann man nur erreichen, wenn man Wasserschalen oder Zimmerspringbrunnen ganz in ihrer Nähe aufstellt und die Blätter regelmäßig besprüht.

Trotz ihrer Größe bevorzugen die Pflanzen einen eher kleinen Topf, in dem das Substrat nach einem Tauchbad relativ schnell wieder abtrocknet. Eine kurze Trockenphase bekommt ihnen wesentlich besser, als wenn sie in nassem Substrat stehen – selbst wenn es nur wenige Tage sind. Wenn sich neue Triebe entwickeln, vertragen diese Pflanzen eine doppelte Portion Orchideendünger besonders gut. Die Blütenrispen sollte man besser an einem dünnen Stab anbinden, weil sie durch das Gewicht der Blüten leicht abknicken.

Ist die Luft zu trocken, werden die Pflanzen leicht von der Roten Spinne befallen. Die beste Vorbeugung ist eine hohe Luftfeuchte.

Bekannte Hybriden *Dendrobium* Blue Sky (blau), Candy Stripe (weiß/rosa), Ekapol (rosa/weiß), Emma Gold (grüngelb/rot), Emma White (weiß).

Paphiopedilum

WUCHSHÖHE 15–50 cm | **BREITE** 20–60 cm
BLÜTEZEIT Oktober–März

Die Gattung *Paphiopedilum*, auch als Frauenschuh-Orchidee bekannt, gilt als die Königin der Orchideen. Sie ist sehr leicht zu erkennen, weil ihre Lippe zu einem Schuh umgebildet ist. Dieser Schuh ist ein raffiniertes Instrument, um Fliegen zu fangen. Die Insekten werden in der Blüte aber nicht verdaut, sondern sorgen für die Bestäubung. Nach Nektar suchende Fliegen werden angelockt, fallen in den Schuh und können nur durch einen vorgegebenen höhlenartigen Gang wieder ins Freie gelangen. Auf diesem Weg berührt die Fliege zunächst die Narbe und anschließend den Pollen. Dieser bleibt auf ihrem Rücken kleben und wird auf diesem Weg zur nächsten Blüte transportiert.
Auch bei den Frauenschuh-Orchideen gibt es Arten und Hybriden mit unterschiedlichen Temperaturbedürfnissen, die aber meist durch die Form und Färbung der Blätter deutlich zu erkennen sind.

Blüte Viele Blüten sind auf einem rotbraunen Hintergrund bunt gefärbt. Es gibt aber auch Pflanzen mit grünweißen Blüten sowie die sogenannten Unicolor-Typen: Sie sind so tief dunkelrot, dass man sie fast als schwarz bezeichnen kann. Meist besitzen sie einen strahlenden grünweißen Punkt in der Mitte der Blüte.

Wuchs Frauenschuh-Orchideen bilden pro Jahr nur ein bis zwei neue Triebe, im Gegensatz zu ihren kühler zu pflegenden Verwandten, die mehrere Triebe bilden. Aus diesen neuen Trieben wachsen die senkrechten Blütenstiele mit einer oder maximal zwei Blüten.
Frauenschuhe, die es warm mögen, haben, wie alle *Paphiopedilum*, zwar eng ineinander geschachtelte, dünne Blätter, die am Ende spitz zulaufen; das Laub ist allerdings, im Gegensatz zu ihren Verwandten aus anderen Temperaturbereichen, kurz und breit und außerdem meistens schwach bis stark getupft, gesprenkelt oder gemustert. Ebenfalls warm kultiviert werden die nicht so häufigen, mehrblütigen Frauenschuhe mit großem, länglichem grünem Laub sowie einige Sorten mit sehr starrem, geflecktem Laub.

Pflege Optimal sind Tagestemperaturen von 18–24 °C und eine Nachtabsenkung von 4 °C (oder mehr) auf 14–18 °C. Diese Frauenschuh-Orchideen benötigen keine Ruhephase, können aber in einem guten Sommer in den Garten gestellt werden. Bei Kälte- oder Regenphasen müssen Sie die Pflanzen aber unbedingt an einen geschützten Platz stellen.

hell | Halbschatten | Schatten | einsprossig | mehrsprossig

Dezent in Gelb und Grün präsentiert sich *Paphiopedilum primulinum*: Nur selten blühen »Revolverblüher« wie hier mit zwei Blüten gleichzeitig.

Grazile Primadonna: Die Blüten von *Paphiopedilum* Carola wirken durch die langen, getupften Petalen sehr groß. Apart: die gestreifte Fahne.

Frauenschuh-Orchideen sind nicht sehr lichthungrig, sollten aber auch nicht im Schatten oder an einer dunklen Nordseite stehen. Gut ist ein Ost- oder Westfenster, sehr sonnige Fenster vertragen sie überhaupt nicht.

Da *Paphiopedilum*-Orchideen in der Erde wurzelnde (terrestrische) Pflanzen sind und keine Luftwurzeln bilden, ist nur die Topfkultur geeignet. Am besten setzt man sie in relativ kleine Töpfe in nicht zu grobes, handelsübliches Orchideensubstrat. Alle zwei bis drei Jahre sollten sie umgetopft werden. Dabei platziert man den Alttrieb so an die Seite, dass in dem neuen Topf zwischen Rand und Neutrieb zwei Finger breit Platz ist. Die künftigen Neutriebe haben dann genug Raum, um sich auszubreiten. Das Substrat darf nie vollkommen trocken werden, sondern sollte immer leicht feucht sein. Gießen oder tauchen Sie die Pflanzen also rechtzeitig. Zum Düngen geben Sie einen normalen Orchideendünger entsprechend der Dosierungsanleitung. Wenn Sie seltener als alle zwei Jahre umtopfen, sollten Sie in das Substrat zusätzlich kohlensauren Kalk mischen. Dazu streuen Sie einen Teelöffel Kalk auf das Substrat und spülen mit Wasser kräftig durch.

Jeder Neutrieb bildet einmal pro Jahr, meist immer zur selben Jahreszeit, einen Blütenstiel. Ist die Blüte verwelkt, schneiden Sie diesen Stiel tief unten ab, da er nicht erneut austreibt.

Frauenschuh-Orchideen sind selten anfällig für Krankheiten. Sie werden höchstens von Schild- oder Wollläusen befallen, die man meist als erstes am behaarten Blütenstiel sieht. Pflegefehler können zu Pilzkrankheiten der Wurzeln führen: Die Pflanzen wurden entweder zuviel gegossen, stehen zu kalt oder waren Zugluft ausgesetzt. Faulen die Wurzeln, sollten Sie die Pflanzen, wenn es die Jahreszeit zulässt, so schnell wie möglich umtopfen.

Bekannte Hybriden *Paphiopedilum* Ho Chi Minh (rosa), Maudiae (grün/weiß), Nettie McNay (dunkelrot, → Abb. Seite 36), Pinocchio (gelb).

Cattleya

WUCHSHÖHE 10–40 cm | **BREITE** 10–50 cm
BLÜTEZEIT ganzjährig, im Sommer seltener

Als Verpackungsmaterial erreichten diese Pflanzen aus Südamerika im 18. Jahrhundert den europäischen Kontinent. Bei dem englischen Adligen Mr. Cattley öffneten sie ihre wunderschönen, tieffarbigen Blüten zum ersten Mal. Ihm zu Ehren tragen Sie seitdem den Namen *Cattleya*. Viele verschiedene Gattungen gehören zu dieser Gruppe – neben *Cattleya* z. B. auch *Laelia* sowie *Brassavola* –, die sich alle miteinander kreuzen lassen, sodass immer wieder neue Formen entstehen. Im Lauf der Zeit wurden über 30 000 verschiedene Hybriden gezüchet – mehr als in jeder anderen Orchideengattung.

Bei *Cattleya*-Orchideen ist es am schwierigsten, sie aufgrund ihrer Wuchsform einem Temperaturbereich zuzuordnen. Fragen Sie deshalb am besten gleich beim Kauf nach, wie die jeweilige Orchidee gepflegt werden will. Haben Sie dies versäumt, gibt es einige Hinweise: Je kompakter die Pflanzen gezüchtet sind, desto eher handelt es sich um *Cattleya*-Sorten und -Hybriden, die warme Temperaturen brauchen. Auch solche mit besonders runden oder farbenprächtigen Blüten haben es gern etwas wärmer. Der korrekte botanische Name der Pflanze hilft ebenfalls. Endet dieser auf -ara wie zum Beispiel *Hawkinsara* oder *Potinara*, wollen die Pflanzen temperiert-warm kultiviert werden. Die Endung -ara zeigt an, dass diese Orchideen aus mehr als drei natürlichen Gattungen gezüchtet wurden; durch die jahrzehntelange Selektion vertragen sie wärmere Temperaturen besser als ihre Vorfahren.

hell · Halbschatten · Schatten · einsprossig · mehrsprossig

KLEIN, ABER FEIN Die Mini-Cattleya Sophrolaelia Keijci überrascht mit großen bunten Blüten (li.).

FARBENFROH Cattleytonia Why Not (o.) und Potinara n.r. (Dancing Daffodil x Little Toshie) (u.).

Blüte Weil sie aus so vielen verschiedenen Elternpflanzen gezüchtet wurden, haben *Cattleya*-Hybriden auch sehr unterschiedliche Blüten: Manche bestechen durch große, runde Blüten, andere, wie einige *Potinara,* haben zwar kleinere Blüten, bezaubern aber wie die großen Schwestern mit kräftigen Farben. Wieder andere haben sternförmige Blüten. Das Farbspekturm reicht von Rot, Gelb, Orange und Rosa bis zu Weiß und mittlerweile auch Blau. Die Blüten erscheinen meist kurz gestielt zwischen den Blättern aus einer Blütenscheide. Diese besteht aus Hüllblättern, die die entstehende Blüte schützen.
Wuchs *Cattleya*-Orchideen sind mehrsprossig und unterscheiden sich im Wesentlichen in der Größe voneinander. Ein Trieb besteht aus einer Bulbe und ein bis mehreren Blättern am oberen Ende. Die Bulben temperiert-warm zu pflegender *Cattleya* sind kürzer als die der kühl zu kultivierenden. Ihre starren Blätter stehen am Ende jeder Bulbe relativ dicht zusammen.
Pflege Temperiert-warm zu kultivierende *Cattleya* können ganzjährig auf der Fensterbank gepflegt werden. Ideal sind Temperaturen von 18–22 °C und höher, nachts darf es bis zu 12 °C kühl sein. Wie alle *Cattleya*-Orchideen sind ihnen hohe Temperaturunterschiede zwischen Tag und Nacht sehr zuträglich, mindestens nötig ist eine Nachtabsenkung um 4–6 °C. Je höher die Nachabsenkung ist, desto sicherer blühen sie jedes Jahr wieder. Sollte eine Pflanze trotzdem nicht zur Blüte kommen, braucht sie eine Ruhephase: Stellen Sie sie dann für zwei Monate im Herbst oder im Frühjahr (entgegengesetzt zum Blühtermin) in einen kühleren Raum und halten Sie das Substrat nur sehr mäßig feucht bis fast trocken. *Cattleya* dürfen auch ins Sommerquartier: Sie genießen einen Aufenthalt im Freien von Mitte Mai bis Anfang September sehr und müssen dort auch nicht zu schattig stehen. Im Haus lieben sie, wie die meisten Orchideen, einen hellen Platz ohne direkte Sonne.
Cattleya gedeihen gut im Topf, lassen sich aber auch sehr gut im Korb oder aufgebunden kultivieren, wenn man für eine ausreichende Luftfeuchte und genügend Wasser sorgt. Mischen Sie beim Umtopfen eine extra Portion Pinienrinde unter das Substrat, sodass die Mischung nach dem Gießen sehr schnell wieder abtrocknet. Sie müssen dann im Sommer zwar häufiger gießen, brauchen aber nicht zu befürchten, dass die Pflanzen im Winter durch übermäßige Nässe leiden und krank werden.
Cattleya topft man am besten von Februar bis Mai um. Die meisten bilden in dieser Zeit die weißen, wenig fleischigen Wurzeln am Neutrieb; diese können dann direkt in das frische Substrat wachsen. Verblühte Blütenstiele schneidet man direkt über der Bulbe ab. Öffnet sich eine neue Blüte nicht, weil sie die Hüllblätter nicht durchdringen kann, hilft man nach, indem man die Blütenscheide vorsichtig mit der Schere aufschneidet und entfernt. *Cattleya*-Orchideen werden oft von Schild- oder Wollläusen befallen, die sich in den Blattachseln und unter den Bulbenhäuten verbergen können. Entfernen Sie diese Häute beim Umtopfen und kontrollieren Sie diese »Verstecke« regelmäßig.
Bekannte Hybriden *Cattleya* Green Emerald (rot/braun); *Laeliocattleya* Tropical Pointer (bunt: gelb/rot/braun/weiß); *Otaara* Haw Yuan Bay (gelb/rot/weiß); *Potinara* Burana Beauty (gelb/rot), Free Spirit (gelb).

Zygopetalum

WUCHSHÖHE 10–60 cm | **BREITE** 8–50 cm
BLÜTEZEIT August–Mai

Zur Gruppe der *Zygopetalum*-Orchideen gehören besonders ausgefallene Exemplare: Aus vielen verschiedenen Arten und Gattungen wurden Orchideen mit farbintensiven, leuchtenden Blüten gezüchtet. Einige duften sogar. Bei älteren Züchtungen dominieren sehr üppige Pflanzen, unter den heutigen Hybriden sind auch kleinere zu finden.
Blüte Die Blüten dieser aus Südamerika stammenden Orchideen sind meist groß, fleischig und sternförmig. Besonders auffallend ist die große, meist gewellte Lippe, die sehr häufig klare Blautöne besitzt und manchmal sogar ganz dunkelblau bis violett gefärbt ist. Am Grund der Lippe befindet sich ein Auswuchs (Kallus). Die Blütenrispen stehen unverzweigt nach oben und tragen selten mehr als vier Blüten. Sie sind nicht viel höher als das Laub. Bei den Mini-Hybriden sind die Blüten einzeln gestielt, wachsen seitlich aus der Basis der Pflanzen und befinden sich etwa in Höhe des Topfrands. Solche Hybriden eignen sich sehr gut für Ampeltöpfe, da sich die Blüten dann auf Augenhöhe befinden.
Wuchs Alle *Zygopetalum*-Verwandten haben relativ kleine, runde Bulben. Die Blätter sind ungestielt und wachsen direkt aus der Bulbe, zusammen mit den vielen seitlichen Hüllblättern entwickeln sich schnell sehr buschige Pflanzen. Die weißen Wurzeln sind sehr fleischig und auffällig zahlreich.
Pflege Bei Tagestemperaturen von 18–22 °C oder mehr wachsen diese Orchideen kräftig; sie vertragen eine Zeitlang aber auch niedrigere Temperaturen. Die Nächte sollten deutlich kühler sein als die Tage,

Eine kleinwüchsige Hybride ist Keferanthes Sua Mena. Die fein gemusterten Blüten können sich das ganze Jahr über öffnen.

Die großen Blüten von Galeopetalum Luisendorf sitzen zwischen den Blättern. Sie bieten nicht nur intensive Farben, sondern duften auch noch zart.

dürfen aber über einen längeren Zeitraum nicht unter 14 °C liegen. Im Haus wollen diese Orchideen an einem halbschattigen Platz stehen. Ein Aufenthalt im Sommerquartier von Mitte Mai bis Ende September stärkt die Pflanzen, sodass sie aus der kräftigen Bulbe wieder schön blühen. Sollten Sie den Pflanzen weder die deutliche Nachtabsenkung noch ein Sommerquartier bieten können, pflegen Sie sie mindestens zwei Monate in einem kühleren Schlafzimmer oder einem Flur. An einem solchen Platz brauchen sie wesentlich weniger Wasser, sollten aber auch nicht richtig austrocknen.
Die Kultur im Topf ist für diese schnell wachsenden Orchideen am besten geeignet, Blockkultur mit einer Moosauflage oder Korbkultur ist jedoch ebenfalls möglich. Da die Pflanzen zahlreiche Wurzeln bilden, ist es manchmal schwierig, diese beim Ein- oder Umtopfen in den Topf zu bekommen. In diesem Fall dürfen Sie alte Wurzeln in der Mitte des Wurzelballens mit einer scharfen Schere entfernen und außerdem einen relativ großen Topf wählen. *Zygopetalum*-Orchideen dürfen etwas feuchter stehen als andere Orchideen. Wählen Sie ein Standardsubstrat, das die Feuchtigkeit relativ lange hält. Bei grobem Substrat müssen Sie deutlich häufiger gießen. Direkt nach dem Umtopfen sollten Sie die Pflanzen aber nicht zu nass halten. Weil *Zygopetalum* recht kräftig wachsen, sollten Sie den Dünger möglichst hoch dosieren, ohne aber die angegebene Höchstkonzentration zu überschreiten.
Zygopetalum-Orchideen sind empfindlich für den Befall mit Roter Spinne. Beugen Sie vor, indem sie die Luftfeuchtigkeit erhöhen (→ Seite 16). Schild- und Wollläuse verstecken sich gern in den trocknen Häuten um die Bulbe. Kontrollieren Sie diese Stellen möglichst regelmäßig.
Bekannte Hybriden *Galeopetalum* Luisendorf (→ Abb.), Midnights Magic (braun/blau); *Keferanthes* Sua Mena (→ Abb.); *Zygonisia* Roquebrune (blau/weiß); *Zygopetalum* Blue Banks (→ Abb. Seite 40).

Cattleya

WUCHSHÖHE 20–35 cm | **BREITE** 20–40 cm
BLÜTEZEIT August–März

Als im 18. Jahrhundert zum ersten Mal eine *Cattleya* in einer englischen Orangerie erblühte, waren alle Betrachter von ihrer Größe und Farbenpracht erstaunt. In den darauf folgenden Jahren wurden nur große Blüten selektiert und weiter gezüchtet und man erreichte Blütendurchmesser von 25 cm und mehr. Auf großen Festbällen trugen die Edelmänner diese Blüten an ihrem Revers, und da die Blüten schon nach wenigen Stunden verwelkten, standen Diener hinter der Tür mit neuen Blüten zum Wechseln bereit. Erst bei den heutigen modernen *Cattleya* achtete man bei der Zucht darauf, dass die Pflanzen kompakt sind und auch lange blühen. Die großen älteren Hybriden brauchen unbedingt eine deutliche Ruhephase, damit sie sicher wieder zur Blüte kommen.

Blüte Die Blüten der *Cattleya*-Orchideen sind sehr vielfältig (→ Seite 38): Das Spektrum reicht von groß und rund über sternförmig bis zu klein und zierlich. Häufige Farben sind Rot, Orange, Pink oder Weiß. Aus der Spitze des Triebes erscheint eine Blütenscheide, die bis zur Blüte noch grün, aber auch eingetrocknet sein kann. Häufig vergeht sehr viel Zeit, bis aus der Blütenscheide eine Rispe von ca. 10 cm Länge mit bis zu sechs großen Blüten erscheint.

Wuchs Im Gegensatz zu ihren Verwandten, die warme Standorte bevorzugen, haben *Cattleya* für kühlere Temperaturen immer einen lang gezogenen Spross, der zur Bulbe verdickt ist und am Ende ein oder mehr ledrige, feste Blätter trägt.

Pflege Die Orchideen dieser *Cattleya*-Gruppe stehen tagsüber am besten bei 18–20 °C, nachts bei 10–14 °C. Sie vertragen sehr viel Licht, aber keine direkte Sonne. Je größer die Blüten und je einfacher die Farbgebung (meist rosarot), desto eher braucht eine *Cattleya* eine Ruhephase. Diese sollte bei Frühlingsblühern im Herbst und bei Herbstblühern gleich nach der Blüte stattfinden. Am besten fragen Sie schon beim Kauf, ob die Pflanzen eine Ruhephase brauchen. Stellen Sie die Pflanzen dann für zwei Monate an einen kühlen Platz bei Tagestemperaturen von 16–18 °C, nachts darf die Temperatur nicht unter 10 °C fallen. In dieser Zeit reicht einmal pro Woche ein Schnapsglas Wasser, sodass das Substrat zwar nicht völlig austrocknet, aber auf keinen Fall feucht ist. In der Wachstumsphase bei hohen Temperaturen und viel Licht vertragen die Pflanzen dagegen viel Wasser und Dünger, doch in der übrigen Zeit muss das Substrat immer wieder

Mit gefranstem Saum besticht die Blüte von Brassolaeliocattleya Ports of Paradise – ein Erbe von Brassavola, einer ihrer vielen Vorfahren.

Ihre verschiedenen Brassavola-Eltern haben der Brassocattleya Makai die sternförmigen Blüten vererbt – ein Schmuckstück für jeden Wohnraum.

gut durchtrocknen. Hohe Luftfeuchte, insbesondere das Besprühen neu erscheinender Wurzeln im Frühjahr, genießt die Pflanze sehr. *Cattleya* lieben das Sommerquartier im Freien (→ Seite 11). Die hohen Temperaturunterschiede zwischen Tag und Nacht und die Helligkeit lassen die Pflanzen sehr kräftig werden. In einem Laubbaum oder einer geschützten Mauerecke können sie bis weit in den Herbst die frische Luft genießen. Vergessen Sie aber nicht zu gießen. Noch besser ist ein regelmäßiges Tauchbad, sodass die Wurzeln und auch das Substrat sich kräftig vollsaugen können. Vor Dauerregen müssen Sie die Pflanzen jedoch schützen. *Cattleya* gedeihen vor allem gut im Topf, sie lassen sich aber auch im Korb oder aufgebunden kultivieren, wenn man für eine ausreichende Luftfeuchtigkeit sorgt. Das Substrat sollte grob sein. Sie können einem Standardsubstrat ein Drittel reine Pinienrinde beimischen, damit es wasserdurchlässiger wird. Beim Umtopfen alle zwei Jahre lassen sich die mehrsprossigen Pflanzen sehr leicht teilen, indem man drei oder mehr Bulben mit einem scharfen Messer abtrennt. Die Teilstücke topfen Sie so ein, dass der Alttrieb am Topfrand sitzt und der neueste Trieb in der Mitte. Wollen Sie die Pflanze nicht teilen, sondern nur verkleinern, entfernen Sie die Alttriebe und schneiden dann die ältesten Wurzeln direkt unter dem Rhizom ab, sodass die Pflanze wieder in einen Topf gleicher Größe passt.

Cattleya-Orchideen werden öfter von Schild- und Wollläusen befallen, da diese sich sehr gut unter den trockenen Hüllblättern verstecken können. Oft findet man sie erst, wenn sie sich schon stark vermehrt haben. In diesem Fall waschen Sie die Pflanze ab und topfen sie neu ein. Reinigen Sie den Topf gründlich oder wechseln Sie ihn aus. Treten wieder Läuse auf, setzen Sie ein Pflanzenschutzmittel ein.

Bekannte Hybriden *Brassocattleya* Pastoral (→ Abb. Seite 42); *Brassolaeliocattleya* Chia Lin (rot); *Laeliocattleya* Chyong Guu Swan (weiß/rot).

Cambria

WUCHSHÖHE 8–45 cm | **BREITE** 8–45 cm
BLÜTEZEIT ganzjährig, vor allem August–Mai

Unter dem Namen Cambria gibt es heute im Handel zahlreiche Orchideen, die mit phantastischen Farbornamenten oder einfachen klaren Farben überzeugen. Sie alle stammen von Orchideen-Arten ab, die zur Großgattung *Oncidium* gehören. Namensgebend war eine der ersten geklonten und massenvermehrten Orchideen, die Gattungshybride *Vuylstekeara* Cambria 'Plush' (→ Abb.). Die jedem Orchideenliebhaber bekannte Pflanze wurde zum Inbegriff für Mehrgattungs-Hybriden der *Oncidium*-Verwandtschaft. Heute werden all diese Orchideen unter dem einfachen Namen »Cambria« gehandelt.

Blüte Aufgrund der vielen verschiedenen Vorfahren ist die Blütenvielfalt riesig: Sie reicht von klassischen einfachen Formen bis zu bizarren, spinnenartigen Blüten. Bei den Farben sind Rot, Orange und Gelb ebenso vertreten wie Weiß und Rosa.
Wuchs Die Pflanzen dieser Gruppe haben immer deutliche bis sehr kräftige, runde bis ovale Bulben, auf denen zwei bis drei lange, schmale und spitz zulaufende Blätter sitzen. Die Blätter sind meistens hellgrün und nie gescheckt. Die Blütenrispen entstehen seitlich zwischen wenigen Hüllblättern und den Bulben und stehen senkrecht nach oben. Oft bilden die Pflanzen mehrere Rispen aus einer Bulbe. Hybriden mit *Miltonia* besitzen meist relativ niedriges Laub (20–30 cm) und tragen vier bis acht große Blüten, die dicht über dem Laub stehen. *Odontoglossum*-Verwandte haben mehrere geschlossene, sternförmige Blüten an einer über dem Laub stehenden, bis zu 60 cm hohen Rispe. Durch den *Oncidium*-Einfluss sind Hybriden mit sehr hohen, sehr vielblütigen und meist verzweigten Rispen entstanden, die teilweise bis zu 1 m hoch werden.
Pflege Cambria mögen keine hellen Fensterbänke. Vor allem im Sommer ist ihnen ein schattiges Plätzchen lieber. Unbehagen bereiten ihnen auch hohe Temperaturen im Sommer, insbesondere wenn heiße und sonnige Tage von warmen Nächten begleitet werden. Viel besser bekommen ihnen gemäßigte Temperaturen von 18–22 °C und deutlich kühlere Nachttemperaturen von 12–16 °C. In den warmen Monaten finden sie solche Bedingungen am ehesten im Freien, weshalb sie von Mitte Mai bis September ins Sommerquartier sollten. Nur in Regenperioden sollten Sie sie im Freien vor Nässe schützen oder wieder im Haus pflegen. Ist der September regnerisch, beenden Sie das Sommerquartier Anfang des Monats. Ist der September und/

hell | Halbschatten | Schatten | einsprossig | mehrsprossig

oder der Oktober schön, dürfen die Pflanzen entsprechend länger im Freien bleiben. Regelmäßiges Gießen ist im Freien oberstes Gebot, da sie hier meist schneller austrocknen als in der Wohnung. Ist ein Sommerquartier im Freien nicht möglich, sollten Sie die Pflanzen unbedingt nach der Blüte und in der dunklen Jahreszeit für zwei Monate an ein kühles Fenster stellen. Sehr gut eignet sich auch ein nur leicht geheizter, schattierter Wintergarten. In dieser Zeit reichen wöchentlich ein bis zwei Schnapsgläser Wasser, damit das Substrat nicht ganz austrocknet.
Cambria-Orchideen gedeihen am besten im Topf, dieser darf recht klein sein. Oft stehen sehr große und kräftige Pflanzen in Töpfen mit nur 12 cm Durchmesser. Weil die Wurzeln dann den ganzen Topf ausfüllen, ist Gießen kaum noch möglich. Man stellt die Pflanzen besser mindestens einmal pro Woche ins Tauchbad, damit sie ausreichend mit Wasser versorgt werden. Cambria-Orchideen vertragen auch üppige Dünger-Portionen. Richten Sie sich nach der auf der Packung angegebenen höchst möglichen Dosis. Das Substrat darf etwas feiner sein als das für *Phalaenopsis*-Orchideen. Die hohen Blütenrispen sollten Sie unbedingt an einem Bambusstab anbinden, damit sie nicht abbrechen.
Beim Umtopfen von Cambria-Orchideen ist es sehr schwierig, das alte Substrat zwischen den Wurzeln vollständig zu entfernen. Bevor Sie die Wurzeln beschädigen, sollten Sie Substratreste besser belassen. Hat die Pflanze einen kräftigen Wurzelballen, lockern Sie diesen an den Seiten nur etwas auf, besonders in der Nähe des neuesten Triebs. Dann setzen Sie den Ballen in den neuen Topf und platzieren ihn mit den alten Bulben direkt an den Topfrand, sodass zwischen Neutrieb und Topfrand etwa zwei Finger breit Substrat passen.

Produzieren die Pflanzen viele Neutriebe, die sich nicht gut bzw. vollständig entwickeln, war der Standort zu warm. Stellen Sie die Pflanzen dann an einen kühleren Platz. Bilden sich regelmäßig sogenannte Ziehharmonikablätter (→ Seite 17), steht die Pflanze entweder zu warm oder stand zu lange zu trocken.
Für Schädlinge sind Cambria-Orchideen wenig anfällig. Ab und zu sind Schildläuse an den Blattunterseiten oder zwischen den Hüllblättern zu finden. Bei extrem trockener Luft vermehrt sich auch die Rote Spinne sehr leicht. Beugen Sie vor, indem Sie für eine hohe Luftfeuchtigkeit sorgen. Im Frühjahr werden vor allem Cambria-Orchideen mit roten Blüten von grünen oder schwarzen Blattläusen befallen. Kontrollieren Sie die Pflanzen regelmäßig auf Krankheiten und Schädlinge. Stehen diese im Sommerquartier, sollten Sie auch die Umgebung auf Schädlingsbefall prüfen.
Bekannte Hybriden *Beallara* Peggy Ruth Carpenter → Seite 47), *Brassada* Orange Delight (orange), *Burrageara* Nelly Isler (→ Seite 46), *Colmanara* (heute: *Odontocidium*) Wild Cat (braun/gelb/rot), *Odontocidium* Hambühren Gold (gelb).

Cambria – Kinder mit vielen Eltern

Zu den Eltern-Gattungen der Cambria-Hybriden zählen *Odontoglossum, Miltonia, Oncidium* (→ Seite 52) und *Cochlioda*, dazu kommen *Brassia, Gomesa* und *Ada*. Die botanischen Namen der aus ihnen gezüchteten Orchideen sind zum Teil recht kompliziert: *Wilsonara, Burrageara, Vuylstekeara* oder *Odontioda, Odontonia* und *Odontocidium* sind nur einige Beispiel. Alle Orchideen dieser Gruppe sind an der ähnlichen Wuchsform leicht zu erkennen.

Cambria-Orchideen im Porträt

Rund oder spinnenförmig: Diese Orchideen-Hybriden lassen sich nicht in eine Schublade stecken: Aus den verschiedensten Vorfahren entstand eine der abwechslungsreichsten und beliebtesten Orchideengruppen.

KLASSIKER Diese schlicht-schönen, leuchtend gefärbten großen Blüten an aufrechten Rispen öffnen sich rund ums Jahr (*Burrageara Nelly Isler*).

FARBENSPIEL Die Gattung Ada hat dieser Hybride mit den sternförmigen Blüten den ungewöhnlichen gelblichen Farbton mit dem orangen Touch vererbt (*Adaglossum Summit*).

FLEISSIG Diese Hybride zeichnet sich durch Blühwilligkeit und bis zu 10 cm große Blüten aus (*Miltonidium n. r. Miltonia phalaenopsis x Oncidium divaricatum*).

STIEFMÜTTERCHEN Wegen ihrer großen, leuchtenden Blüten, die knapp über dem Laub stehen, nennt man diese Orchideen auch Stiefmütterchen-Orchideen (*Miltoniopsis* (syn. *Miltonia*) Herrenhausen).

PRIMABALLERINA Elegant schweben die zart und kräftig zugleich gefärbten Blüten an aufrechten Rispen. Ein Pluspunkt: die lange Blütezeit (*Odontonia* Tänzerin).

FARBENFROH Diese Oncidium-Hybride gibt es in vielen Farben: Kleine Blüten sitzen dicht an verzweigten, langen Rispen (*Wilsonara* Sharry Baby).

AUSGEPRÄGT Kräftige, meist gelbe Blüten mit rotem Muster sitzen an leicht verzweigten Rispen. Die große Lippe zeigt die Verwandtschaft mit Oncidium (*Odontocidium* Tiger Hambühren).

STERNENZAUBER Die eingekreuzte Gattung Brassia hat aus den runden Odontoglossum-Blüten große, farbenfrohe Sterne gemacht (*Beallara* Peggy Ruth Carpenter).

Paphiopedilum

WUCHSHÖHE 20–35 cm | **BREITE** 20–30 cm
BLÜTEZEIT Oktober–April

Nicht nur bei den *Cattleya*, sondern auch bei den *Paphiopedilum*-Orchideen waren rießige Blüten einst das Ziel der Züchter. Dies ist auch gelungen: Die sogenannten Amerikanischen- oder Komplex-Hybriden entsprechen in ihrer Farbgestaltung und Größe keiner Naturform mehr.

Blüte Die Blüten einiger Pflanzen dieser Gruppe erreichen Durchmesser von über 20 cm und die Farbgebung lässt keine Wünsche offen: Die Fahne ist entweder schwarz getupft, gestreift oder mit halbrunden Farbkreisen versehen. Ihre Form ist rund, geschlossen oder offen. Die Blüten erscheinen immer im Jahresrhythmus zur gleichen Zeit zwischen Oktober und April und halten rund zwei Monate. Auch einige ca. 100 Jahre alte Sorten eignen sich für temperiert-kühle Plätze. Sie sind sehr beliebt, weil sie zuverlässig immer wieder blühen.

Wuchs Wie ihre Verwandten für warme Standorte wurzeln diese Pflanzen in der Erde und besitzen keine Bulben. Ihre Blätter sind gegenständig und ineinander geschachtelt. Meist sind sie hellgrün, dünn und ungefleckt, doch es gibt auch Ausnahmen. Der Blütenstiel erscheint direkt aus dem Herzen der Pflanze und trägt nur sehr selten eine zweite Blüte. Meist ist der Blütenstiel mit ungefähr 20 cm Länge recht niedrig, doch kann er auch bis 40 cm lang sein. Im Gegensatz zu ihren warm zu pflegenden Verwandten treiben diese Hybriden jedes Jahr eine größere Anzahl von neuen Trieben, sodass sie leicht zu teilen sind.

Pflege Die Orchideen dieser Gruppe sollten vom Frühjahr bis zum Herbst am Tag warm bei 20–24 °C stehen, nachts mit einer deutlichen Temperaturabsenkung auf 14 °C. Im Winter, insbesondere nach der Blüte, brauchen die Pflanzen einen Platz, an dem es tagsüber nicht wärmer als 18 °C und nachts nicht kühler als 10 °C ist. Dabei dürfen sie niemals nass stehen, aber auch nicht so trocken, dass es einer Ruhephase entspräche. Weil gerade die Komplex-Hybriden schon mit so vielen Arten gekreuzt sind, ist hier eine sichere Aussage für jede einzelne Pflanze über die Temperaturansprüche nicht immer möglich. Am besten informieren Sie sich gleich beim Kauf. *Paphiopedilum* sind Orchideen, die in der Erde wurzeln und keine Luftwurzeln bilden. Deshalb kann man sie nur im Topf pflegen. Dieser sollte möglichst klein sein, damit das Substrat nach dem Gießen rasch wieder abtrocknet. Im Sommer vertragen sie etwas mehr Feuchtigkeit. Durchsichtige Töpfe

hell · Halbschatten · Schatten · einsprossig · mehrsprossig

Paphiopedilum Amanda ist ein Ergebnis moderner Zucht und hat mit Naturformen nicht mehr viel gemein. Dafür blüht sie auch im Zimmer sicher.

Alt und bewährt: Paphiopedilum King Arthur stammt aus dem Jahre 1915. Sie blüht jedes Jahr ebenso willig wie lange und trägt an einer Pflanze viele Blüten.

sind für die stark behaarten Wurzeln nicht geeignet. Topfen Sie die Pflanzen alle zwei bis drei Jahre um. Dabei fallen die Triebe oft von selbst auseinander. Tun sie dies nicht, können Sie die Pflanzen leicht in zwei Teile brechen. Dabei sollten immer drei Triebe zusammenbleiben, die dann extra eingetopft werden. Weil Frauenschuh-Orchideen eine erhöhte Dosis Kalk benötigen, sollten Sie sie beim Umtopfen in mit Kalk angereichertes Substrat setzen. Zusätzlich kann man halbjährlich einen Teelöffel kohlensauren Kalk auf dem Substrat verteilen und dann kräftig mit Wasser durchspülen.

Sind die Blüten verwelkt, schneidet man die Blütentriebe so tief unten wie möglich ab. Im nächsten Jahr blühen sie aus neuen Trieben.

Neben den *Paphiopedilum*-Hybriden gibt es noch Hybriden der südamerikanischen Gattung *Phragmipedium*. Diese haben deutlich mehr Laub und kleinere Blüten, die oft an verzweigten Blütenständen sitzen. Einige neue Sorten haben leuchtend rote Blüten, andere lange bis sehr lange Blütenblätter. Ihre Temperaturansprüche liegen zwischen denen der temperiert-warm und temperiert-kühl zu kultivierenden Frauenschuh-Orchideen.

Auch die Pflanzen dieser *Paphiopedilum*-Gruppe bekommen leicht Pilzkrankheiten im Wurzelbereich. Dies können Sie durch regelmäßiges Umtopfen in neues Substrat und nicht zu nasse Pflege vermeiden. Wird eine Pflanze doch einmal befallen, halten Sie sie deutlich trockener als bisher und topfen sie um. Schild- und Wollläuse kommen nur sehr selten vor und dann meist nur an dem behaarten Blütenstiel. In diesem Fall schneiden Sie den Blütenstiel so tief wie möglich ab. Sind dagegen auch die Blätter befallen, sollten Sie die Pflanzen mit einem geeigneten Pflanzenschutzmittel behandeln.

Bekannte Hybriden *Paphiopedilum* King Arthur (braun, → Abb. o. re.), Lippewunder (gelb/weiß/braun), Pacific Ocean (gelb/weiß/braun), San Actaeus (gelb), Vandyck (→ Abb. Seite 48).

Dendrobium-Nobile-Gruppe

WUCHSHÖHE 30–50 cm | **BREITE** 12–30 cm
BLÜTEZEIT Dezember–April

Diese von der Naturform *Dendrobium nobile* abstammenden, kühl zu pflegenden *Dendrobium-Nobile*-Hybriden wurden mit besonderem Erfolg von einem japanischen Großindustriellen namens Yamamoto züchterisch bearbeitet und tragen deshalb seinen Namen: Yamamoto-Dendrobien. Mitte des 20. Jahrhunderts waren die ersten Hybriden noch bis zu 1 m hoch. Heute gibt es schon Mini-Formen, und die Standardtypen werden nicht höher als 50 cm. Zudem wurden einige neue Arten eingekreuzt, sodass neue Formen und Farben auf dem Markt sind und die *Dendrobium-Nobile*-Hybriden mittlerweile sehr beliebte Topfpflanzen sind.

Blüte Die Blüten erscheinen entlang des gesamten Triebs, meist sitzen zwei bis drei Blüten kurz gestielt beieinander. Sie sind rund, teils gefranst und leuchten in den Farben Weiß, Gelb, Rosa oder Lila. Viele haben ein dunkles oder anders als die übrige Blüte gefärbtes Auge. Die Blüten der neuen Typen wie *Dendrobium* Stardust (→ Abb. links) sind beispielsweise orange und sternförmig.

Wuchs *Dendrobium-Nobile*-Hybriden sind ohne Blüte nicht ganz leicht von ihren warm zu pflegenden Verwandten zu unterscheiden. Auch bei den kühl zu pflegenden sitzen die ungestielten Blätter gegenständig direkt an der Bulbe, ihre Bulben tragen jedoch schon sehr weit unten Blätter.

Pflege Entscheidend für die Orchideen dieser Gruppe ist, dass der Temperaturunterschied zwischen Tag und Nacht und zwischen der Wachstums- und Ruhephase möglichst groß ist. Sie dür-

hell | Halbschatten | Schatten | einsprossig | mehrsprossig

Dendrobium Zip hat sehr ungewöhnlich gefärbte Blüten. Sie stammt von *Dendrobium kingianum* ab und blüht mit vielen Blüten gleichzeitig.

Bei *Dendrobium-Nobile*-Hybriden wie *Dendrobium* Sweet Song sitzen viele Blüten dicht an dicht und bilden so einen üppigen Blütenstand.

fen tagsüber bei 16–20 °C und nachts bei 10–14 °C stehen. Manche – vor allem ältere Sorten – entwickeln jedoch kräftigere Triebe, wenn man sie am Tag bei 20–24 °C und nachts bei 16 °C kultiviert und außerdem kräftig gießt und düngt. In der Wachstumszeit sollten sie so viel Licht wie möglich bekommen, ohne der direkten Sonne ausgesetzt zu sein. Nach der Blüte benötigen die Pflanzen unbedingt eine achtwöchige Ruhephase, in der sie kühl und relativ trocken stehen: Tags sollten die Temperaturen 16 °C, nachts 10 °C betragen. In dieser Zeit bekommen sie auch keinen stickstoffbetonten Dünger. Ein geschütztes Sommerquartier genießen die Pflanzen sehr, vor allem, wenn der August und September als Ruhephase genutzt werden. Wenn sie die Ruhephase konsequent einhalten, setzen diese Orchideen wieder viele neue Knospen an und blühen im nächsten Winter für gute zwei Monate. Sollte die Pflanze anstelle von Blüten viele Kindel bilden, war die Ruhephase nicht ausgeprägt genug.

Nach der Blüte schneiden Sie die trockenen Blüten direkt am Stängel ab, ohne diesen zu verletzten. Leider werfen die Pflanzen in der Ruhephase oft die Blätter ab. Dies lässt sich vermeiden, wenn man sie einer nicht ganz so harten Ruhephase aussetzt. Am geeignetsten für diese Orchideen ist die Kultur im Topf. Das Substrat sollte sehr strukturstabil und fein sein. So trocknet es schnell wieder durch, passt sich aber optimal an die vielen dünnen Wurzeln an. Da die Triebe leicht umknicken, bindet man sie an einem lange haltbaren Plastik- oder Metallstab an. Wie alle *Dendrobium* brauchen auch die Pflanzen dieser Gruppe eine hohe Luftfeuchte, um dem Befall mit Roter Spinne vorzubeugen. Gegen Schild- und Wollläuse helfen regelmäßige Kontrolle, frühzeitiges Abwaschen oder ein Pflanzenschutzmittel.

Bekannte Hybriden *Dendrobium* Comet King (rot/gelb/weiß), Stardust (orange), Sweet Pinky (rosa/weiß/gelb), Upin King (rosa/weiß/gelb), Yellow Magic (gelb/schwarz).

Ruhephase · Sommerquartier vorteilhaft · Luftfeuchtigkeit erhöhen

Oncidium

WUCHSHÖHE 15–35 cm | **BREITE** 10–30 cm
BLÜTEZEIT September–Februar

Die südamerikanischen *Oncidium*-Orchideen werden wegen ihrer vielen goldgelben Blüten in ihrer Heimat »Lluvia de Oro« genannt. Das bedeutet soviel wie Goldregen. Eigentlich gehören die Züchtungen aus diesen Orchideen in die große Gruppe der Cambria-Orchideen. Da sie aber deutlich kühler gepflegt werden sollten und auch anders aussehen, sind sie hier getrennt aufgeführt.
Unter dem Gattungsnamen *Oncidium* werden neben den hier beschriebenen Hybriden noch viele andere Züchtungen im Handel angeboten: Die bekanntesten Beispiel sind die Variegate-Hybriden, die botanisch korrekt *Tolumnia* heißen, ebenso die *Oncidium-papilio*-Gruppe, die botanisch korrekt *Psychopsis* heißt. Beide Orchideen-Gruppen werden deutlich wärmer gepflegt und bedürfen einer besonderen Kultur, die Sie besser beim Spezialisten erfragen.
Blüte Die 20–60 cm langen Blütenrispen stehen aufrecht, sind meist reich verzweigt und tragen viele 1–4 cm große Blüten. Die Blüten werden von der überproportinal großen, meist gelben Lippe dominiert, die zudem ungewöhnlich geformt ist. Oft ist sie braun punktiert. Bei manchen Sorten breitet sich die Punktierung über die ganze Blüte aus, sodass sie braun gefärbt ist. Einige Sorten haben ein tiefschwarzes Auge, was besonders edel aussieht.
Wuchs Die abgeflachten Bulben sind mittelgroß und besonders nach der Ruhephase leicht bis stark gefurcht. Sie tragen ein bis zwei ledrige Blätter, die starr zur Seite weisen. *Oncidium*-Orchideen haben

hell | Halbschatten | Schatten | einsprossig | mehrsprossig

ÜPPIG ***Oncidium*-Hybride mit kräftigem, festem Laub und reich verzweigten Blütenrispen (links).**

RIESIG ist die Lippe von *Oncidium* Gower Ramsey (oben). Mini-Oncidien duften oft nach Vanille (unten).

meist einen kletternden Wuchs. Die neu erscheinende Bulbe ist im Verhältnis zu den älteren Bulben etwas nach oben versetzt. Je nachdem, wie lang das Rhizom ist (der ausläuferartige Spross zwischen den Bulben), desto höher wird die Pflanze mit den Jahren.

Pflege Tagsüber genügen diesen Orchideen Temperaturen von 16–20 °C, nachts sollte es 10–14 °C kühl sein. Sie mögen einen hellen bis halbschattigen Platz. Ist die Luftfeuchtigkeit ausreichend hoch, lassen sich diese *Oncidium* sehr gut aufgebunden kultivieren. Dazu eignet sich ein Ast, an dem die Pflanze über die Jahre langsam hoch wachsen kann. Dies kommt ihrem kletternden Wuchs sehr entgegen. Aber auch in Topfkultur gedeihen diese Orchideen prächtig, dieser sollte aber nicht zu klein sein. Dabei gibt es jedoch eine Besonderheit zu beachten. Wegen des kletternden Wuchses wachsen die neuen Wurzeln auch außerhalb des Substrats und entwickeln sich zu weißen Luftwurzeln. Das sieht sehr dekorativ aus, hat aber einen Nachteil: Man muss die Pflanzen öfter umtopfen. Topft man sie nämlich, wie bei Orchideen üblich, nur alle zwei Jahre um, gewöhnen sich die vielen feinen Luftwurzeln nicht mehr an ein Leben im Substrat. Topft man sie dagegen jedes Jahr um, hat man eine gute Chance, dass sich die Wurzeln gut im Substrat einleben. Halten Sie den Neutrieb der Pflanze beim Eintopfen mittig auf Topfrandhöhe. So wachsen die Wurzeln der Neutriebe nicht aus dem Topf heraus. Im Winter benötigen die Pflanzen eine deutliche Ruhephase von zwei Monaten. Am besten geeignet ist die Zeit von Dezember bis Januar. Dann sollten sie tagsüber bei 16 °C und nachts bei 10 °C sowie möglichst hell und absolut trocken stehen. Danach ist ein warmer und sehr heller Ort in der Wohnung geeignet, der aber eine leichte Nachtabsenkung haben sollte. Sehr empfehlenswert für *Oncidium* ist das Sommerquartier, das in einer geschützten Ecke ruhig schon Anfang Mai bezogen werden kann. Vor Regen geschützt kann die Pflanze dort bis in den Oktober hinein stehen. Sollte ein Sommerquartier nicht möglich sein, ist ein Fenster in einem ungeheizten Raum, an dem es tagsüber durch die Sonne wärmer wird, ebenfalls sehr gut. In der Wachstumszeit, also ab dem Frühjahr, sollten die Pflanzen immer leicht feucht, aber niemals nass stehen. Die Wurzeln wachsen und entwickeln sich besonders gut, wenn der Wurzelballen regelmäßig komplett durchtrocknet.

Bildet die Pflanze viele neue Triebe , die nicht richtig heranreifen, ist das ein Zeichen dafür, dass sie deutlich zu warm steht. Sie sollte an einem kühleren Standort weitergepflegt werden.

Die Orchideen dieser Gruppe werden, wie alle Orchideen, hin und wieder von Schild- und Wollläusen befallen. Durch regelmäßige Kontrolle und rechtzeitige Behandlung mit einem Pflanzenschutzmittel lassen sie sich jedoch leicht in Schach halten. Gegen einen Befall von Roter Spinne hilft nur, die Luftfeuchtigkeit gleichmäßig hoch zu halten. Im Sommer kann man die Pflanzen zusätzlich besprühen, um die Rote Spinne zu unterdrücken.

Bekannte Hybriden *Oncidium* Aloha Iwanaga (gelb), Hawaiian Sunset (braun/rot/weiß), Susan Kaufmann (gelb/rot), sowie die natürlichen Arten *Oncidium ornythorhynchum* (lila) und *Oncidium sphacelatum* (gelb/braun).

Cymbidium

WUCHSHÖHE 40–120 cm | **BREITE** 30–100 cm
BLÜTEZEIT September–Mai

Aufgrund ihrer Größe sind *Cymbidium*-Orchideen nicht wirklich für die Fensterbank geeignet. Aber in hellen Treppenhäusern, Wintergärten oder Fluren sind die üppigen Pflanzen eine Augenweide. *Cymbidium*-Orchideen werden bereits in chinesischen Schriften aus dem 12. und 13. Jahrhundert erwähnt und zählen damit zu den ältesten von Menschen kultivierten Orchideen überhaupt.
Blüte Cymbidien sind bekannt für ihre riesigen, runden, farbintensiven Blüten. Weil sie lange haltbar sind und eine bis zu 80 cm lange Blütenrispe haben, sind sie auch als Schnittblumen sehr beliebt. Mittlerweile gibt es Cymbidien aber auch im »Fensterbankformat«: Dies ist die sogenannte Mini-*Cymbidium,* deren Laub maximal 30–40 cm lang und deren Blütentrieb etwa 60 cm hoch wird. Ihre Blüten sind kleinere Ausgaben ihrer großen Vorfahren und nicht ganz so stark gefüllt und rund. Zwischen diesen Riesen- und Mini-Formen gibt es Cymbidien selbstverständlich auch in allen Zwischengrößen. Cymbidien mit hängenden Rispen eignen sich optimal für die Kultur in Ampeltöpfen.
Wuchs Die großen, kugeligen Bulben sitzen unter langen, sehr dünnen und aufrecht gebogenen Blättern. Diese sind grün bis dunkelgrün gefärbt und tragen knapp über der Bulbe eine dunkle Stelle, an der die Blätter nach einigen Jahren, wenn sie absterben, abbrechen.
Pflege Tagsüber sollten *Cymbidium*-Orchideen bei 16–20 °C, nachts bei 10–14 °C stehen. Sie vertragen am Tag aber auch höhere Temperaturen, solange

hell | Halbschatten | Schatten | einsprossig | mehrsprossig

Minicymbidien, wie *C.* Pumisan, entwickeln sich zu kräftigen Pflanzen und erfreuen mit vielen Blüten. Ideal für kühle Wintergärten oder Treppenhäuser.

Typisch für Standard- und Minicymbidien wie *Cymbidium* Ivy Fung sind die aparten Blütenfarben. Teilweise sind die Blüten sogar gesplasht.

es nachts so kühl wie möglich ist. Allerdings darf die Temperatur nicht über einen längeren Zeitraum unter 6 °C sinken. Cymbidien brauchen eine zweimonatige Ruhephase, in der man sie völlig trocken hält. Die Ruhephase muss ein halbes Jahr vor der Blüte stattfinden. Pflanzen, die im Frühjahr blühen, müssen im Herbst kühl und trocken stehen, Pflanzen, die im Herbst blühen, benötigen ihre Ruhezeit im Frühjahr. Auch sollten Cymbidien so lange wie möglich ins Sommerquartier. Ideal ist die Zeit von Anfang Mai bis weit in den Oktober, wenn das Wetter es zulässt. Sie sollten dort vor praller Sonne geschützt sein, aber so hell wie möglich stehen.
Da Cymbidien in der Erde wurzelnde Orchideen sind, sind sie im Topf gut aufgehoben. In Gärtnereien werden sie oft in Steinwolle oder ähnliche anorganische Materialien gesetzt. Umtopfen ist dann nicht nötig. Erst wenn der Topf zu klein wird und Sie keine Steinwolle haben, entfernen Sie das alte Material und setzen die Pflanze in Rindensubstrat. Achten Sie unbedingt darauf, dass alle Zwischenräume des Wurzelballens mit Substrat gefüllt sind. Beim Umtopfen können Sie alte Bulben und Wurzeln entfernen und die Pflanze teilen. Die Stücke wachsen sicher wieder an, wenn Sie mindestens drei Bulben zusammenlassen.
Vor allem im Sommer darf das Substrat immer feucht sein. Mischen Sie Orchideendünger in hoher Dosis unter das Gießwasser – diese üppig wachsenden Orchideen vertragen eine Menge Nährstoffe. Im Winter gießt man deutlich sparsamer und lässt das Substrat immer wieder durchtrocknen. Außer Schildläusen gibt es selten Schädlinge. Diese sind jedoch zwischen den vielen Blättern schwer zu finden, kontrollieren Sie die Pflanzen also gründlich. Bei starkem Befall sollte man die ganze Pflanze mit einem Pflanzenschutzmittel behandeln.
Bekannte Hybriden *Cymbidium* Blazing Fury (grün/braun), Drag (gelb/braun), Ovation Emerald (rot/braun), The Judge (→ Abb. Seite 54).

Vanda

WUCHSHÖHE 20–120 cm | **BREITE** 15–80 cm
BLÜTEZEIT ganzjährig

Diese phantastischen Schönheiten aus Asien sind fast immer auf Orchideenausstellungen und in Gartencentern zu sehen. Sehr ähnlich, aber etwas kleiner, sind die nah verwandten *Ascocenda*.
Blüten Die bis zu 15 cm großen Blüten strahlen kräftig blau, gelb, rot oder weiß.
Wuchs Diese Orchideen sind reine Epiphyten: Die Wurzeln wachsen nur in der Luft.
Pflege *Vanda* und *Asocenda* brauchen viel Licht und werden warm kultiviert. Am Tag müssen sie bei mindestens 20 °C, nachts bei mindestens 16 °C stehen. Diese Orchideen gedeihen nicht im Topf, sondern nur in Block- oder Korbkultur bei hoher Luftfeuchte. Eine Alternative ist die Kultur in einem hohen Glas, in dem die Pflanze zu fast einem Drittel steht und das 1 cm hoch mit kalkarmem Wasser gefüllt wird.
Bekannte Hybriden *Ascocenda* Princess Mikasa (→ Abb.), Sun-Fun Beauty (rot); *Vanda coerulea* (blau); *Ascocentrum ampullaceum* (rosa).

Encyclia

WUCHSHÖHE 15–40 cm | **BREITE** 15–30 cm
BLÜTEZEIT März–November

Diese buschigen Pflanzen haben eine Besonderheit: Bei vielen zeigt die Lippe nach oben.
Blüte Die Blüten sind sternförmig, die farbenfrohe Lippe ragt meist deutlich hervor. Die Blütenrispen wachsen senkrecht nach oben und tragen mehrere Blüten. Oft blühen sie über zwei Monate lang.
Wuchs Die Bulben sind rund und besitzen je zwei aufrechte, meist starre Blätter.
Pflege *Encyclia* wird temperiert-warm kultiviert und braucht tagsüber 18–20 °C und nachts Werte von 10–14 °C. Wichtig ist ein großer Temperaturunterschied zwischen Tag und Nacht sowie zwischen Sommer und Winter. Am besten pflegt man sie in relativ kleinen Töpfen. Gießen und düngen Sie die Pflanzen kräftig, aber lassen Sie sie immer wieder abtrocknen. Ein Sommerquartier oder zwei Monate in einem kühleren Raum fördern die Blüte.
Bekannte Hybriden *Encyclia* (syn. *Epidendrum*) *cochleata* (grün/schwarz), Green Hornet (→ Abb.).

hell | Halbschatten | Schatten | einsprossig | mehrsprossig

Ludisia

WUCHSHÖHE 10–20 cm | **BREITE** 15–30 cm
BLÜTEZEIT November–Mai

Die Wuchsform der aus Asien stammenden, in der Erde wurzelnden Gattung *Ludisia* ist sehr ungewöhnlich: Ihre Stiele und ihre Blätter sind rotbraun, die Blätter zudem goldfarben geadert.

Blüte Die Blüten sind 1 cm klein und weiß mit gelber Lippe. Sie sind relativ unscheinbar.

Wuchs *Ludisia* wurzeln in der Erde. Die Blätter sind samtig und goldfarben geadert.

Pflege Die Pflanzen werden temperiert kultiviert und brauchen tags 18–20 °C und nachts 10–14 °C. Sie bevorzugen halbschattige bis schattige Plätze und sind nur für die Topfkultur mit feinem Orchideensubstrat geeignet. Gedüngt wird nur wenig. Halten Sie sie immer leicht feucht, aber nie ganz trocken. Je kalkärmer das Wasser ist, umso deutlicher ist die Blatt-Zeichnung. Die Pflanzen lassen sich leicht durch Stecklinge vermehren (→ Seite 23).

Bekannte Arten *Ludisia discolor* (→ Abb.). Ähnlich ist *Macodes peltata* (weiß/gelb).

Masdevallia

WUCHSHÖHE 6–35 cm | **BREITE** 5–10 cm
BLÜTEZEIT ganzjährig, vor allem März–Oktober

Die neueren Sorten dieser Orchidee lassen sich recht gut auf der Fensterbank kultivieren und sind in ihrer vollen Blütenpracht sehr ansprechend.

Blüte Die bis zu 5 cm großen, einzeln gestielten Blüten leuchten in Rot mit gelben bis violetten Streifen oder Tupfen. Durch die lang ausgezogenen Spitzen der Blütenblätter entstehen sehr bizarre Blütenformen. Die Lippe ist sehr klein.

Wuchs Die Pflanzen bestehen aus einzeln gestielten Blättern, die senkrecht nach oben weisen.

Pflege *Masdevallia* wird kühl kultiviert – am Tag bei 16–20 °C, nachts bei 10–12 °C. Sie braucht einen halbschattigen bis schattigen Platz und hohe Luftfeuchte. Wegen ihrer sehr dünnen Wurzeln sollte man sie in möglichst kleine Töpfe in feines Substrat sezten. Beim Umtopfen können Sie die Pflanzen halbieren und die Teilstücke wieder neu einpflanzen.

Bekannte Hybriden *Masdevallia veitchiana* (weiß, orange oder rot), *Masdevallia* Aquarius (→ Abb.).

Ruhephase | Sommerquartier vorteilhaft | Luftfeuchtigkeit erhöhen

Augen (Nodien)
Knoten an einem Spross oder einer Rispe. Aus ihm können Blätter, Sprosse oder Blüten austreiben.

Blockkultur
Kulturform, bei der Orchideen ihrer natürlichen, epiphytischen Lebensweise entsprechend auf einer Unterlage aufgebunden und ohne Substrat kultiviert werden.

Bulben
Verdickte Sprossabschnitte, die Wasser und Nährstoffe speichern und die Pflanze damit in Notzeiten versorgen. Bulben können je nach Art verschiedene Formen haben, rund, länglich, oval usw.

Epiphyten
Pflanzen, die ohne Kontakt zur Erde auf anderen Pflanzen wachsen, um so mehr Licht zu bekommen; Epiphyten werden auch Aufsitzerpflanzen genannt.

Fahne
Das umgebildete, nach oben weisende äußere Blütenblatt einer Orchideenblüte. Die Fahne ist meist besonders groß, ungewöhnlich geformt und anders gefärbt als die übrigen Blütenblätter.

Gattungshybride
Nachkommen aus zwei oder mehreren unterschiedlichen Gattungen. Es gibt heute Orchideen, die von bis zu neun verschiedenen Elterngattungen abstammen.

Generative Vermehrung
Geschlechtliche Vermehrung durch Samen. Dabei werden die männlichen und weiblichen Erbfaktoren neu kombiniert, und es entstehen Nachkommen mit neuen Eigenschaften. Die Nachkommen tragen zwar Merkmale der Elternpflanzen, sehen jedoch untereinander nur selten identisch aus.

Gewebekultur
Kultur von erbgleichen Jungpflanzen (Klone) aus einzelnen Zellen der Mutterpflanze unter sterilen Bedingungen im Labor.

Hybriden
Kreuzungsprodukt zweier unterschiedlicher Arten oder Gattungen. Hybrid-Pflanzen bekommen einen neuen Namen, der oft aus den beiden Namen der Eltern zusammengesetzt ist.

Kindel, Keiki
Jungpflanze, die an der Mutterpflanze, z. B. bei *Phalaenopsis* aus einem Auge am Stiel oder bei *Dendrobium* aus einem Auge an der Bulbe, wächst.

Kohlensaurer Kalk
Kohlensaurer Kalk ist ein wichtiger Zusatzstoff für das Orchideensubstrat. Er ist für Orchideen ein wichtiger Magnesium-Lieferant, ohne den sie nicht gut gedeihen können. Kohlensaurer Kalk wird etwa halbjährlich in geringen Mengen unter das Substrat gemischt.

Lippe
Das nach unten weisende innere Blütenblatt einer Orchideenblüte. Die Lippe ist meist besonders groß und anders geformt und gefärbt als der übrige Teil der Blüte.

Kallus
Unterschiedlich gestaltete Auswüchse auf der Lippe der Orchideenblüte. Auch Schwiele genannt.

Korbkultur
Kulturform, bei der Orchideen in einem aus Holzstäben gefertigten Korb mit nur wenig Substrat, aber bei hoher Luftfeuchte, kultiviert werden. Die Kulturform kommt der natürlichen, epiphytischen Lebensweise der Orchideen sehr entgegen.

Monopodial
Wuchsform mit nur einem Spross, der an der Triebspitze immer wieder neue Blätter hervorbringt.

Mykorrhiza
Ein Pilz, der mit den Wurzeln einer Pflanze eine Lebensgemeinschaft (Symbiose) eingeht, von der beide Partner profitieren.

Naturform
Auch Art oder Species genannt. Es handelt sich um Pflanzen, die den am natürlichen Standort vorkommenden entsprechen. Der botanische Name der Arten ist immer zweiteilig und lateinisiert, z. B. *Phalaenopsis amabilis*.

N.R.

Die Abkürzung n.r. (nicht registriert) tragen Züchtungen im Namen, die noch nicht als Hybriden registriert wurden. N.r. steht vor den Namen der Eltern-Pflanzen. Beispiel: *Phalaenopsis* n.r. (*bastianii* x *cornu cervi*).

Petalen

Der aus drei Blütenblättern bestehende innere Blütenblattkreis inklusive der Lippe.

Pinienrinde

Grundsubstrat für die Orchideenkultur, das aus der Borke mediterraner Kiefern besteht. Es wird in verschiedenen Körnungen angeboten. Pinienrinde sollte in einem guten Orchideensubstrat einen Anteil von bis zu 80 Prozent ausmachen.

Pollinien

Die bei Orchideen zu Bündeln (kleinen, deutlich sichtbaren Körnern) verklebten Pollen. Die Anzahl dieser Bündel ist für jede Orchideen-Gattung spezifisch.

Rhizom

Ausläuferartiger, niederliegender Spross. Bei manchen Pflanzen dienen Rhizome auch als Speicherorgane.

Samen

Der Samen von Orchideen wird in den Samenkapseln nach der Bestäubung gebildet. Er ist staubfein, da er nicht von Nährgewebe umgeben ist. In der Natur kann er nur unter Mithilfe von Mykorrhiza-Pilzen keimen, die den Samen mit Nährstoffen versorgen. Im Labor wird die Aussaat unter sterilen Bedingungen durchgeführt. Dort werden den Samen über das Nährmedium Nährstoffe zugeführt.

Säule

Staubblätter, Narbe und Griffel sind in der Orchideenblüte zur so genannten Säule verwachsen. Sie ist ein spezifisches Merkmal der Orchideenblüte.

Sepalen

Der aus drei Blütenblättern bestehende äußere Blütenblattkreis inklusive Fahne.

Sorte

Erbgleiche Pflanzen, die vegetativ vermehrt wurden. Sie erhalten alle einen besonderen Namenszusatz. Dieser wird an den botanischen Namen angehängt. Sorten werden auch Klon oder Kultivar genannt.

Sphagnum

Auch Neuseelandmoos genannt. Wichtiger Bestandteil des Orchideensubstrats. Sphagnum kann Wasser sehr gut speichern und nach und nach wieder an die Wurzeln abgeben, ohne dass diese dauerhaft nass stehen. Es sollte in einem guten Orchideensubstrat bis zu 40 Prozent ausmachen.

Substrat

Der Pflanzstoff, in dem die Orchideen stehen. Weil Orchideenwurzeln sehr empfindlich sind, muss Orchideensubstrat besondere Eigenschaften haben und darf sich z. B. nicht verdichten.

Sympodial

Wuchsform, bei der jeder Trieb abgeschlossen bzw. ausgewachsen ist und die neuen Triebe seitlich an der Basis der alten Triebe entstehen.

Terrestrisch

Als terrestrisch bezeichnet man Pflanzen, die im Erdreich wachsen.

Vegetative Vermehrung

Ungeschlechtliche Vermehrung, z. B. durch Ausläufer, Kindel oder durch die Gewebe- oder Meristemkultur. Dabei werden aus Pflanzenteilen der Mutterpflanze Zellen entnommen und zu Pflanzen herangezogen, die mit der Mutterpflanze identisch sind. Die Pflanzen tragen meist einen Sortennamen.

Velamen

Meist dicke, fleischige Schicht um die Hauptwurzel einer Orchidee, die Wasser speichern und langsam wieder an die Pflanze abgeben kann.

Zusatzstoffe

Zusatzstoffe sind Substanzen wie Holzkohle, Perlite, Vermiculite oder Seramis, die dem Orchideensubstrat zugesetzt werden können. Sie binden – wie zum Beispiel die Holzkohle – überschüssigen Dünger oder speichern Wasser und machen das Substrat lockerer und stabiler.

Die **halbfett** gesetzten Seitenzahlen verweisen auf Abbildungen, UK = Umschlagklappe.

Bezugsquellen

› Orchideengarten
M. Karge
Bahnhofstr. 24
21368 Dahlenburg
www.orchideengarten.de

› Kopf Orchideen
Hindenburgstr. 15
94469 Deggendorf
www.orchideen-kopf.de

› Orchideen-Kulturbedarf
Manfred Meyer
Eckenheimer Landstr. 334
60435 Frankfurt/Main
www.orchideecomback.de

› Gartenbau GmbH Chemnitzer Blumenring
Orchideenzentrum
Zschopauer Str. 277
09126 Chemnitz
www.orchideenzentrum-chemnitz.de

Wichtige **Hinweise**

› Einige der hier beschriebenen Pflanzen sind giftig oder Haut reizend. Sie dürfen nicht verzehrt werden.

› Bewahren Sie Dünge- und Pflanzenschutzmittel für Kinder und Haustiere unerreichbar auf. Halten Sie Kinder beim Gebrauch fern.

› Wenn Sie sich bei der Gartenarbeit verletzen, sollten Sie umgehend einen Arzt aufsuchen. Eventuell ist eine Impfung gegen Tetanus erforderlich.

› Röllke Orchideenzucht
Flößweg 11
33758 Schloß Holte-Stukenbrock
www.roellke-orchideen.de
(mit Aussaatlabor)

› Schwerter Orchideenzucht
Bergstr. 8
58239 Schwerte/Ruhr
www.schwerter-orchideenzucht.de

› Wössner Orchideen
Hauptstr. 28
83246 Unterwössen
www.woessnerorchideen.de

Informationen und Vereine

› Deutsche Orchideen-Gesellschaft e. V. (D.O.G.)
Geschäftsstelle
Im Zinnstück 2
65527 Niederhausen
www.orchidee.de

› Österreichische Orchideengesellschaft
Erika Tabojer
Birkengasse 3
A-2601 Sollenau
www.orchideen.at

› Schweizerische Orchideen-Gesellschaft
Im Guntengarten 13
CH-4107 Ettingen
www.orchideen.ch

› Royal Horticultural Society (RHS)
www.rhs.org.uk/plants/registerpages/orchid_parentage.asp

› Royal Botanic Gardens, Kew
www.kew.org/wcsp/home.do

Ausstellungen

› Münchner Orchideen Markt
Großgaststätte Heide-Volm
Bahnhofstr. 51
82152 Planegg
jährlich im Frühjahr

› Orchideenschau Berlin
Botanischer Garten Berlin
Dahlem, Neues Glashaus
jedes gerade Jahr im Herbst

Literatur

› Röllke, Frank: Orchideen. Gräfe und Unzer Verlag, München

› Rittershausen, B. & W.: Das große Kosmos-Buch der Orchideen. Kosmos-Verlag, Stuttgart

Bildnachweis

Alle Fotos in diesem Buch stammen von **Guido Sachse** mit Ausnahme von: **Cover:** Pietrek; **Biosphoto/ Borrer:** 1; **design3000.de:** 2; **Flora Press:** 14; **Flora Press/Köhler:** U6-2; **Flora Press/MAP:** U8-1; **Flora Press/Visions:** U3-2, 10, 24; **Garden World Images:** 28; **Garden World Images/MAP/Descat:** U8-3; **GAP/FhF Greenmedia:** U4-2; **GAP/ Whitworth:** U8-2; **Getty:** U4-3; **Jahreszeiten Verlag/Szczepaniak:** 7; **Kraus:** 26; **Picture Press:** U6-3; **Pietrek:** 4; **Prisma:** U3-1; **Prisma/ Garden World Images:** U4-1; **Prisma/waldhaeusl.com:** 8; **shutterstock:** 3, U6-4, U7; **Timmermann:** U6-1.

Gartenlust pur.

ISBN 978-3-8338-3861-3

ISBN 978-3-8338-3469-1

ISBN 978-3-8338-1724-3

ISBN 978-3-8338-3442-4

ISBN 978-3-8338-3443-1

ISBN 978-3-8338-3646-6

Mehr von GU auf **www.gu.de** und
facebook.com/gu.verlag

G|U

Willkommen im Leben.

Die Autoren

Kerstin und Frank Röllke züchten und vertreiben seit über 20 Jahren Orchideen in der eigenen Gärtnerei. Ihre Orchideen werden in der ganzen Welt verkauft und ihr Betrieb erhielt auf Orchideen-Ausstellungen im In- und Ausland bereits zahlreiche Auszeichnungen. Seit vielen Jahren machen die Autoren ihr Wissen in Büchern publik und halten zahlreiche Vorträge.
Beim Gräfe und Unzer Verlag sind bereits drei Titel zum Thema Orchideen erschienen.

Der Fotograf

Guido Sachse ist staatlich geprüfter Techniker für Gartenbau. In seiner Freizeit widmet er sich seit vielen Jahren mit großer Begeisterung der Naturfotografie. Sein besonderes Interesse gilt Landschaften und Pflanzen.

Syndication:
www.jalag-syndication.de

Aktualisierte Neuausgabe von Orchideen, GRÄFE UND UNZER VERLAG GmbH, 2007, ISBN 978-3-8338-0527-1

Projektleitung: Cornelia Nunn
Lektorat: Barbara Kiesewetter, Gabriele Link-Grün
Bildredaktion: Daniela Laußer, Inge Kraus
Umschlaggestaltung und Layout: independent Medien-Design, Horst Moser, München
Herstellung: Gloria Pall, Larissa Just
Satz und Repro: Longo AG, Bozen
Druck und Bindung: Schreckhase, Spangenberg

Printed in Germany

ISBN 978-3-8338-3864-4

1. Auflage 2014

www.facebook.com/gu.verlag

QUALITÄTS G|U GARANTIE

Liebe Leserin, lieber Leser,

haben wir Ihre Erwartungen erfüllt? Sind Sie mit diesem Buch zufrieden? Haben Sie weitere Fragen zu diesem Thema? Wir freuen uns auf Ihre Rückmeldung, auf Lob, Kritik und Anregungen, damit wir für Sie immer besser werden können.

GRÄFE UND UNZER Verlag
Leserservice
Postfach 86 03 13
81630 München
E-Mail:
leserservice@graefe-und-unzer.de

Telefon: 00800 / 72 37 33 33*
Telefax: 00800 / 50 12 05 44*
Mo–Do: 8.00–18.00 Uhr
Fr: 8.00–16.00 Uhr
(gebührenfrei in D, A, CH)*

Ihr GRÄFE UND UNZER Verlag
Der erste Ratgeberverlag – seit 1722.

Umwelthinweis

Dieses Buch ist auf PEFC-zertifiziertem Papier aus nachhaltiger Waldwirtschaft gedruckt.

GRÄFE UND UNZER
Ein Unternehmen der
GANSKE VERLAGSGRUPPE